MINHA DOCE FLAUTA DOCE

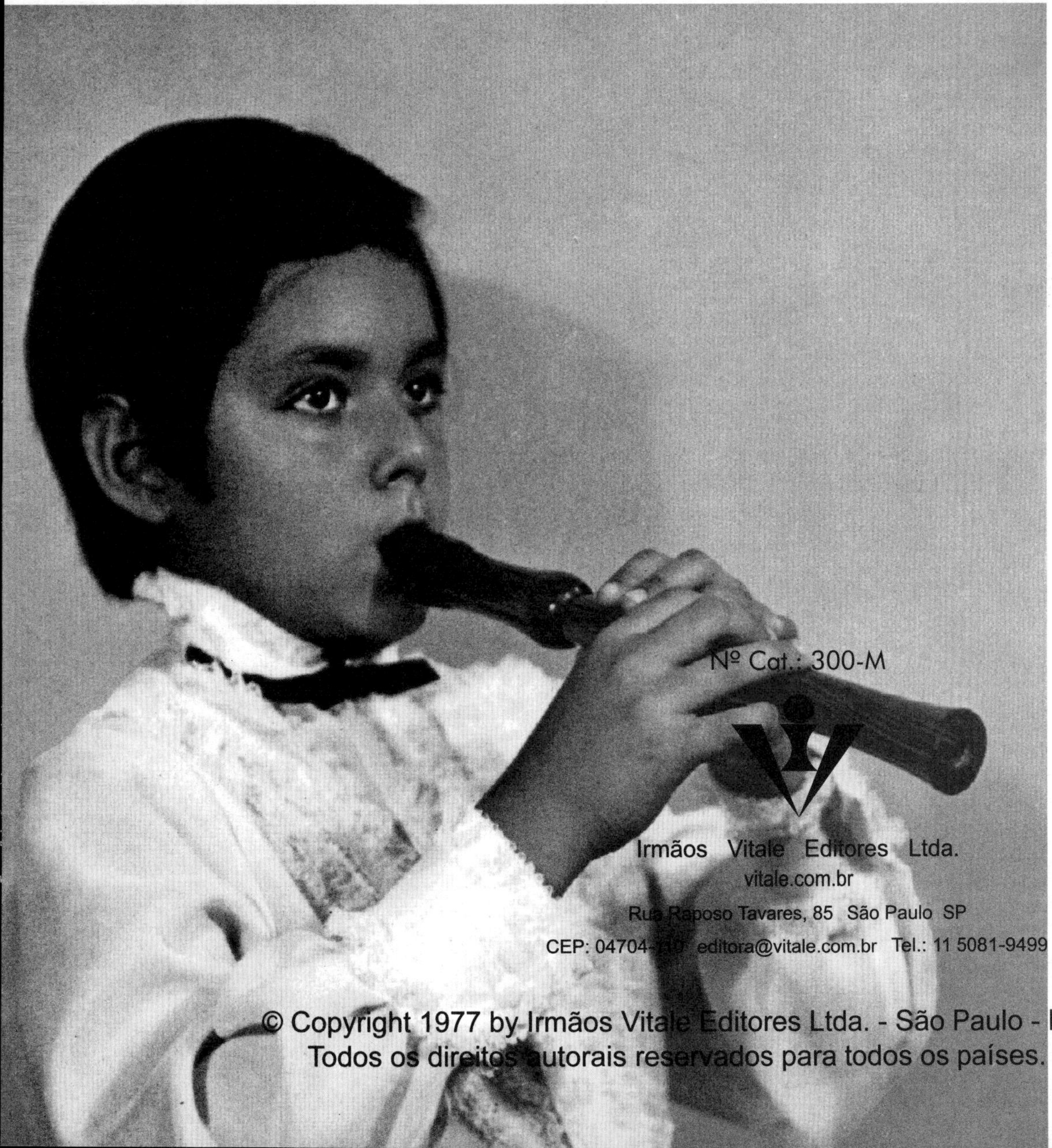

MÁRIO MASCARENHAS

MÉTODO

1º VOLUME

Nº Cat.: 300-M

Irmãos Vitale Editores Ltda.
vitale.com.br
Rua Raposo Tavares, 85 São Paulo SP
CEP: 04704-030 editora@vitale.com.br Tel.: 11 5081-9499

© Copyright 1977 by Irmãos Vitale Editores Ltda. - São Paulo - Rio de Janeiro - Brasil.
Todos os direitos autorais reservados para todos os países. *All rights reserved.*

Dados Internacionais de Catalogação na Publicação (CIP)
(Câmara Brasileira do Livro, SP, Brasil)

Mascarenhas, Mário.
    Minha Doce Flauta Doce : método : 1ºVolume
Mário Mascarenhas. -- São Paulo:

Irmãos Vitale

ISBN 85-85188-84-7
ISBN 978-85-85188-84-9

1. Flauta doce 2. Flauta doce - Estudo e ensino I. Título

98-0716   CDD-788.3507

Indices para catálogo sistemático:

1. Flauta doce : Estudo e ensino : Música 788.3507

FICHA TÉCNICA

Fotógrafo: ÁLVARO ROSALES
    Fotografias do Menino com a Flauta, Posições das Mãos e Capa.

Menino da Capa: LUÍS CLÁUDIO OLIVEIRA

Fotógrafo: JAFET NACLE VIEIRA
    Fotografias do Candelabro, Bolas de Sabão, Flor, Soprando a Flor e O Segredo.

Menina: TALITA COELHO LOBO DE SAMPAIO.

Menino: CRISTIANO FIORENTINO.

Ilustrações de BUTH.

PREFÁCIO

Ao iniciar o presente trabalho, já sentia grande atração por este instrumento musical de tão singela aparência. A medida, porém, que fui elaborando a obra, cresceu em mim o entusiasmo e — porque não dizer? — um especial carinho por ele.

Não bastasse o romantismo do seu nome — FLAUTA DOCE — fui levado a dar ao livro o poético título de «MINHA DOCE FLAUTA DOCE», que bem traduz a paixão de que me vi possuído.

Muita vez chegava a pensar nesse extraordinário mistério de um instrumento tão pequenino, construído de simples madeira ou plástico, produzir peças de tamanha beleza sonora como é o Adágio em Sol Menor (no final deste livro), composto por Tomaso Albinoni, célebre compositor Barroco do Século XVI.

Acredito, que foi graças a esse estado de espírito, ou de alma, que pude dedicar-me inteiramente ao afã de transmitir a alunos e mestres tudo aquilo de que precisam: aos primeiros, material acessível para estudo; e aos últimos, uma seqüência didática e programas de aulas coincidentes com os seus próprios sistemas pedagógicos

Confesso que a tarefa foi árdua, não tanto no que respeita às pesquisas realizadas com critério e ao trabalho de coligir o material a ser empregado, mas, sobretudo, pela necessidade de uma exposição coordenada e inteligível.

Para atingir esse objetivo, foi-me preciso sentir e pensar como se aluno fosse, colocando-me em seu nível para melhor medir as suas possíveis dificuldades de apreensão.

Tenho fé em que o resultado desse esforço possa servir à divulgação desse instrumento tão cheio de magia e que os alunos, ao chegarem ao final deste livro, venham a sentir a mesma paixão e o mesmo carinho de que me vi envolvido pela intimidade com a nossa FLAUTA DOCE.

MÁRIO MASCARENHAS

ÍNDICE

	Pág.
A FLAUTA E A POLCA TRÁ-LÁ-LÃ	25
A FLAUTA, O AVÔ E A VOVÓ	30
A FLAUTA DE PAN	40
A FAMÍLIA DA FLAUTINHA VAI EM FÉRIAS	33
A FAMÍLIA DA FLAUTA DOCE	52
ADÁGIO EM SOL MENOR (Tomaso Albinone)	74
BEAUTIFUL DREAM (LINDO SONHO)	64
BOI DA CARA PRETA	60
CAI, CAI, BALÃO	45
CARNAVAL DE VENEZA	62
CEREJEIRAS EM FLOR	55
CIFRAS NAS MÚSICAS DE FLAUTA DOCE	83
CONFUSÃO NA FLAUTA	22
ESCALAS MAIORES, MENORES E CROMÁTICA	72
FRÈRE JACQUES	60
HINO A FLAUTA DOCE	36
JINGLE BELLS	58
LA RASPA	54
MARCHA SOLDADO	45
MINHA FLAUTA É MEU TESOURO	29
MULHER RENDEIRA	56
NESTA RUA MORA UM ANJO	69
NOÇÕES ELEMENTARES DE MÚSICA	6
NOITE FELIZ!	67
NOMENCLATURA DA FLAUTA DOCE	10
NOTURNO (F. Chopin) Opus 9 N.º 2	70
O CASAMENTO DA FLAUTA	26

	Pág.
O ENCANTADOR DE SERPENTES	48
O PASTORZINHO	47
OH! SUZANA	51
POSIÇÃO DA FLAUTA	9
POSIÇÃO DO SI (1.ª Posição)	18
POSIÇÃO DO LÁ	21
POSIÇÃO DO SOL	24
POSIÇÃO DO DÓ	28
POSIÇÃO DO RÉ	32
POSIÇÃO DO FÁ	39
POSIÇÃO DO SI ♭	44
POSIÇÃO DO MI	46
POSIÇÃO DO SOL ♯	48
POSIÇÃO DO MI (4.º Espaço)	50
POSIÇÕES DO FÁ, SOL E LÁ 8.ª ACIMA	53
POSIÇÃO DO RÉ (1.º Espaço Inferior)	56
POSIÇÃO DO FÁ ♯ (1.º Espaço)	58
POSIÇÃO DO FÁ ♯ (5.ª Linha)	64
POSIÇÃO DO DÓ (1.ª Linha Sup. Inferior)	66
POSIÇÃO DO DÓ ♯ E DÓ ♯ (4.º Espaço)	68
POSIÇÃO DO RÉ ♯ (1.º Espaço Inferior)	70
POSIÇÕES DO RÉ ♯, SOL ♯, SI ♭, SI E DÓ 8.ª ACIMA	73
QUADRO DAS PRINCIPAIS POSIÇÕES	78
QUEM INVENTOU A PARTIDA	61
RESPIRAÇÃO	12
UM PASSEIO PELA FLAUTA	42
VAMOS DESPERTAR A FLAUTA DO SEU SONO	16

NOÇÕES ELEMENTARES DE MÚSICA

Os sons musicais são sete: Dó-Ré-Mi-Fá-Sol-Lá-Si.

Pauta — São 5 linhas paralelas e horizontais, formando 4 espaços, onde se escrevem as notas.

```
5ª linha ────────────────────────────
              4º espaço
4ª  "    ────────────────────────────
              3º   "
3ª  "    ────────────────────────────
              2º   "
2ª  "    ────────────────────────────
              1º   "
1ª  "    ────────────────────────────
```

As linhas e espaços contam-se de baixo para cima.

Clave — É um sinal que se coloca no princípio da pauta para dar nome às notas. Há 3 espécies de Clave: Clave de Sol, Clave de Fá e Clave de Dó. Na escrita musical para «Flauta Doce Soprano», é empregada a Clave de Sol, 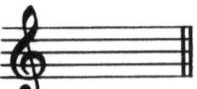 que se assina na 2.ª linha.

A nota escrita na 2.ª linha da pauta chama-se portanto, Sol

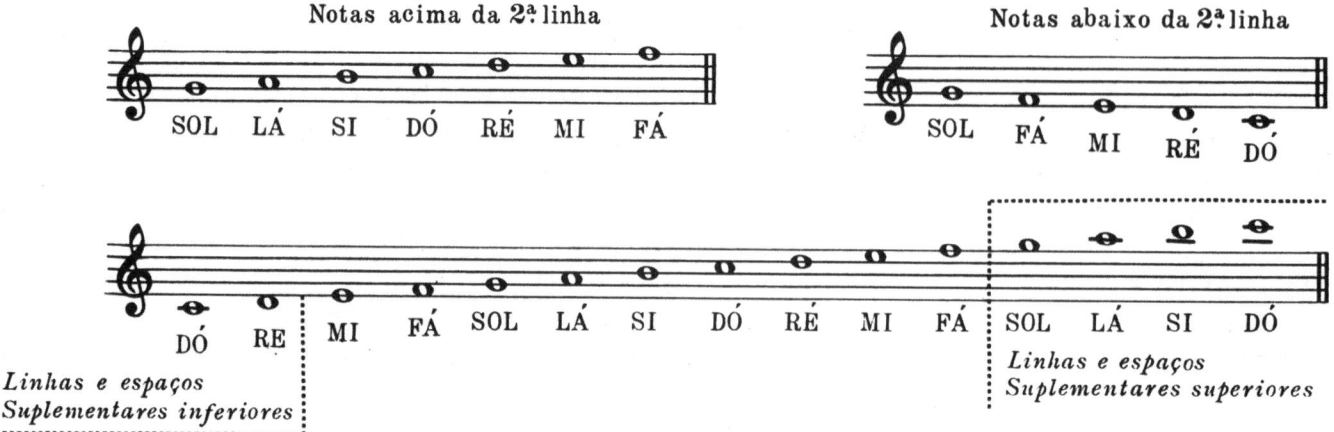

LINHAS SUPLEMENTARES

Linhas Suplementares — São linhas abaixo ou acima da pauta, para colocar as notas que ultrapassam o seu limite. Estas linhas, também como na pauta, formam entre si, espaços.

Linhas e Espaços Suplementares Superiores — Colocam-se acima da pauta e contam-se de baixo para cima.

Linhas e Espaços Inferiores — Colocam-se abaixo da pauta e contam-se de cima para baixo.

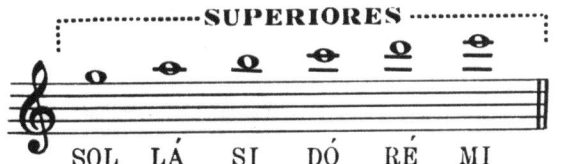

FIGURAS

Figuras — São sinais que estabelecem a duração do som e do silêncio. Chamam-se, também, valores. Os valores podem ser Positivos e Negativos.

Valores Positivos — São figuras de notas, que representam a duração do som.

Valores Negativos — São figuras de pausas, que representam a duração do silêncio.

	Semibreve	Mínima	Semínima	Colcheia	Semicolcheia	Fusa	Semifusa
NOTAS	o	♩	♩	♪	♬	♬	♬
	Pausa de Semibreve	Pausa de Mínima	Pausa de Semínima	Pausa de Colcheia	*etc.*		
PAUSAS	▬	▬	𝄽	𝄾	𝄿	𝅀	𝅁

COMPASSO

É uma das partes em que está dividido um trecho musical.

Tempos — São as partes ou movimentos em que está dividido cada compasso.

Barras ou Travessões — São linhas verticais que separam os compassos.

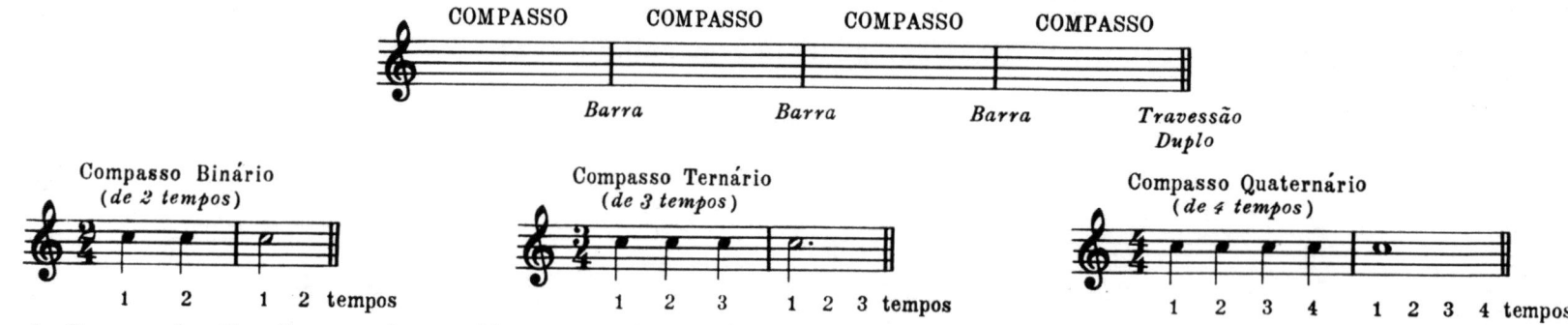

A figura da Semibreve é considerada a Unidade e as outras, suas subdivisões ou frações. As figuras, seguindo a ordem dos seus valores, valem o dobro da seguinte e metade da anterior.

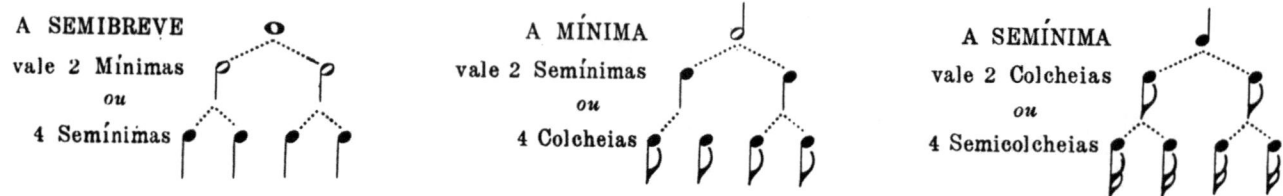

As outras figuras de notas e pausas têm, também, as mesmas subdivisões.

Ponto de Aumento — Um ponto depois de uma nota ou pausa, aumenta metade do seu valor:

No Compasso $\frac{4}{4}$, a Semibreve vale 4 tempos, a Mínima 2, a Semínima 1 e a Colcheia ½ tempo.

POSIÇÃO

CERTA

ERRADA

ERRADA

Altura da Flauta e Dedos Certos.

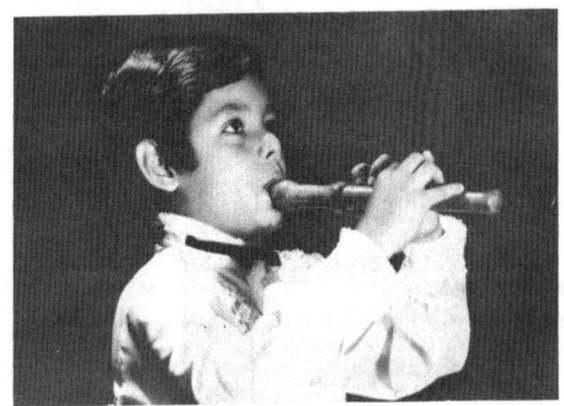

Cabeça Muito Erguida e Flauta Muito Alta.

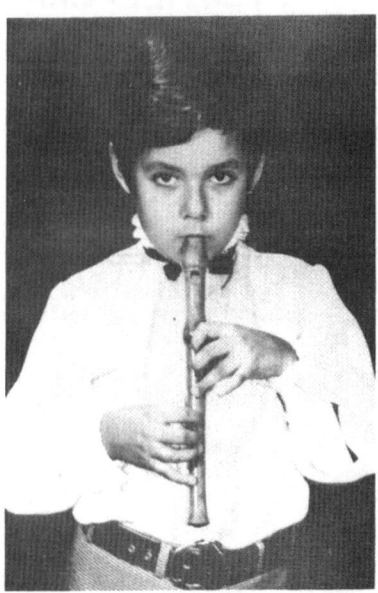

Cabeça e Flauta Muito Baixas e Dedos Forçados.

Os braços devem estar relaxados, ligeiramente afastados do corpo.

Os orifícios são fechados com a polpa dos dedos e não com as pontas.

O polegar da mão esquerda é destinado a tapar e abrir o furo de trás e o da direita tem a importante tarefa de apoiar a flauta também por trás, apoio este conjugado com a própria embocadura.

O dedo mínimo da mão esquerda não é usado em hora alguma.

Os ombros bem à vontade, as costas eretas e a cabeça em posição natural.

A flauta deve ser colocada num ângulo de 45 graus (entre a flauta e o tórax).

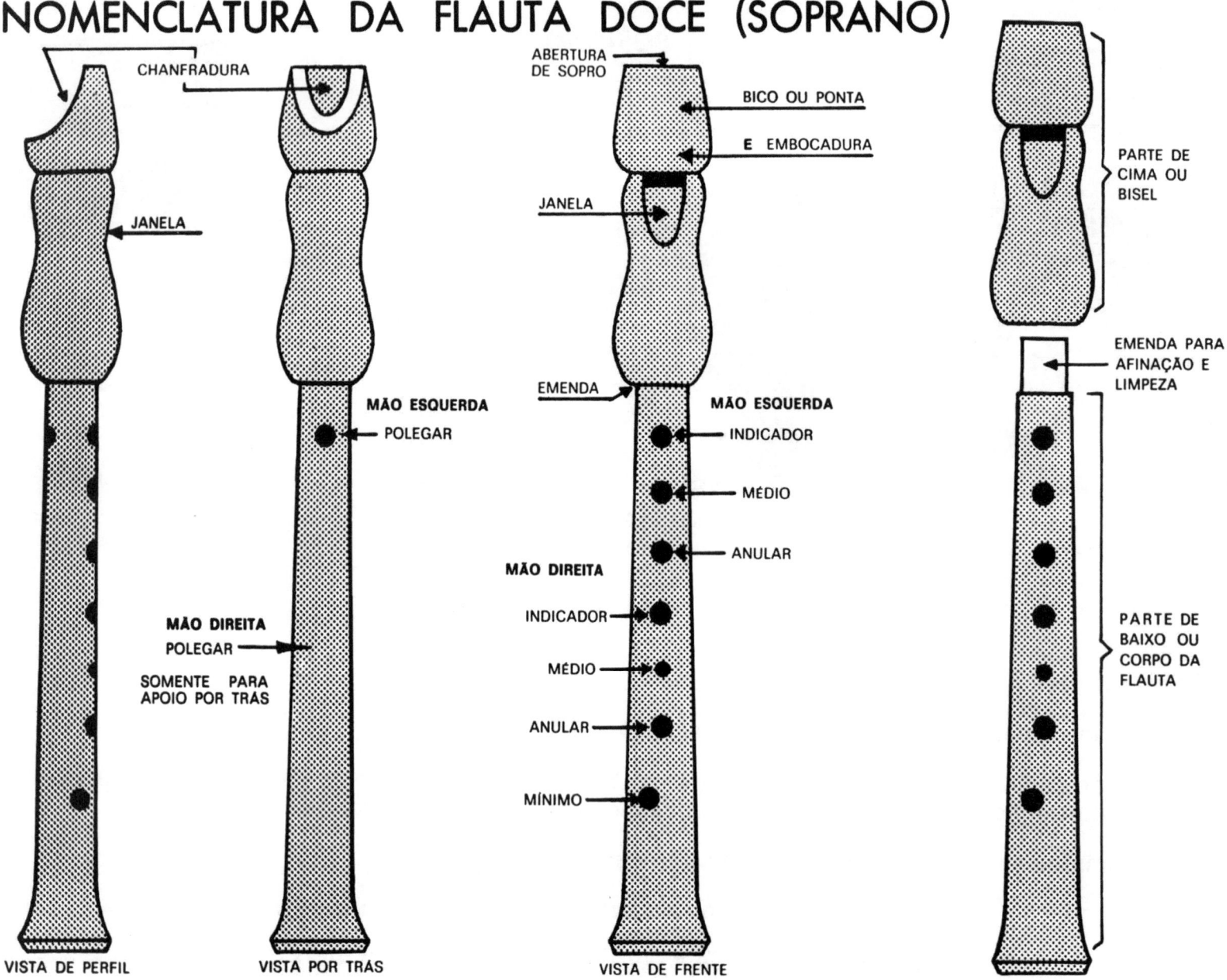

FLAUTA SOPRANO EM DÓ

GERMÂNICA | **BARROCA**

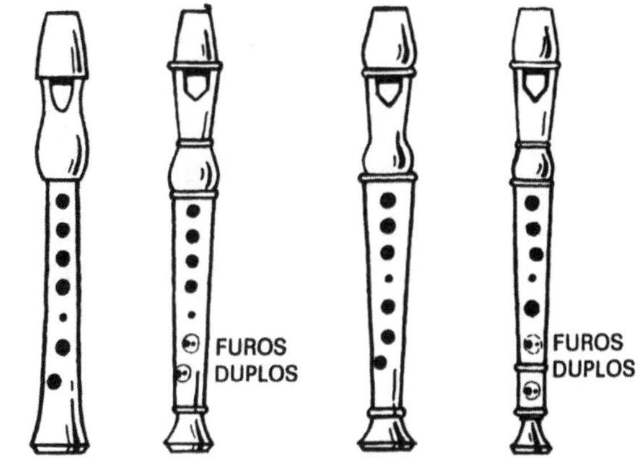

8 FUROS — 10 FUROS
EM AMBAS
O 5.º FURO É MENOR (Germânica)

8 FUROS — 10 FUROS
EM AMBAS
O 4.º FURO É MENOR (Barroca)

FUROS DUPLOS

NUMERAÇÃO DOS DEDOS

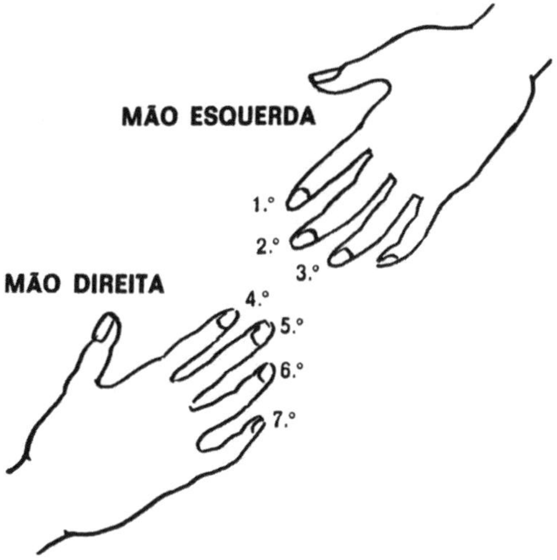

MÃO ESQUERDA
1.º, 2.º, 3.º

MÃO DIREITA
4.º, 5.º, 6.º, 7.º

NUMERAÇÃO DOS FUROS

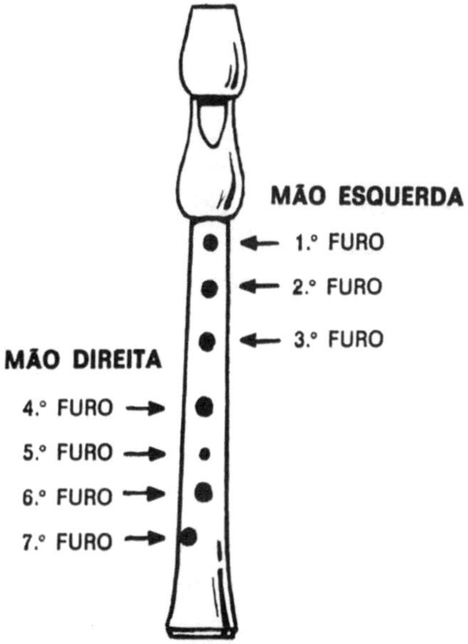

MÃO ESQUERDA
← 1.º FURO
← 2.º FURO
← 3.º FURO

MÃO DIREITA
4.º FURO →
5.º FURO →
6.º FURO →
7.º FURO →

NOMES DA FLAUTA DOCE NOS SEGUINTES IDIOMAS

ESPANHOL .... FLAUTA DULCE
FRANCÊS .... FLÛTE DOUCE
ITALIANO .... FLAUTO DOLCE
INGLÊS .... RECORDER
ALEMÃO .... BLOCK FLÖTE
PORTUGUÊS .... FLAUTA DOCE
JAPONÊS .... TATEBUÊ

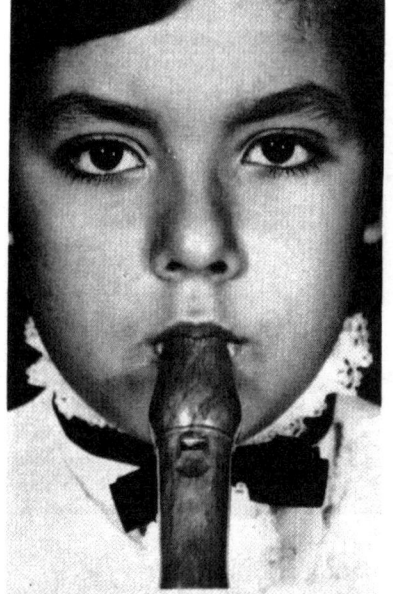

☞ **CERTO**
Embocadura colocada normalmente na boca e lábios normais.

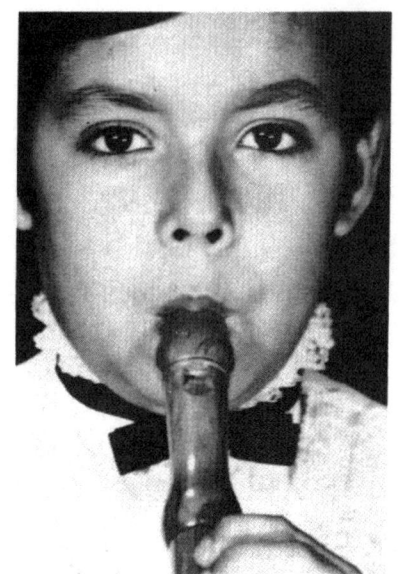

ERRADO ☜
Embocadura colocada demasiadamente na boca e lábios forçados.

RESPIRAÇÃO

A Respiração é primordial para o sopro do executante de «Flauta Doce».

Assim como o cantor se obriga a usar o seu diafragma como controlador do ar, esta mesma técnica é aplicada pelo flautista.

O diafragma é um músculo largo que separa o tórax do abdómen. Ele não só controla o ar, como contribui também para produzir a tosse, o soluço, o riso, o bocejo, etc.

São dois os movimentos de Respiração:

INSPIRAÇÃO — Entrada do ar.
EXPIRAÇÃO — Saída do ar.

Inspiração
Inspirando o perfume de uma flor.

A Respiração é feita automaticamente pelo nariz e pela boca.

Em inspirações rápidas, usa-se mais freqüentemente pela boca. Para soltar o ar dosadamente, jamais esqueça a ajuda do diafragma. Este ar, soprado no bico da flauta e passando por seus orifícios, produz os sons musicais.

O flautista deve ter sempre uma reserva de ar que seja suficiente para cada frase musical.

A Inspiração é feita no final de cada frase e não no meio dela, para não quebrá-la.

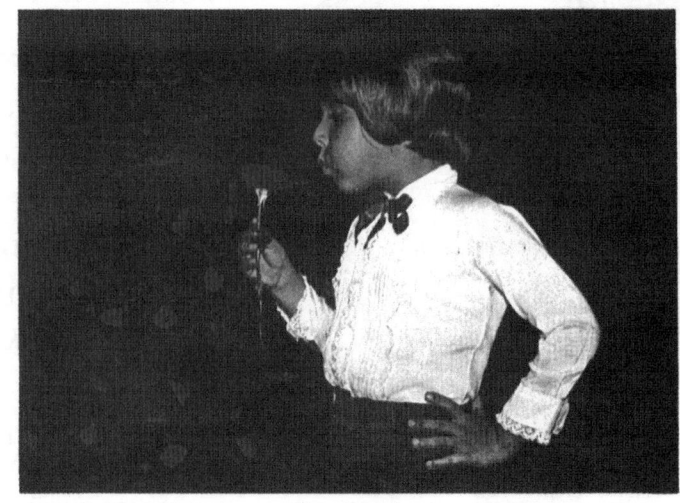

Expiração
Soprando as pétalas de uma flor.

OS LÁBIOS

O bico da flauta deve ser colocado levemente entre os lábios, apoiando a parte chanfrada no lábio inferior e cobrindo a de cima com o superior. Evite que os lábios apertem fortemente o bico e que este não toque nos dentes.

Não o coloque demasiadamente dentro da boca, mas apenas o suficiente para que os lábios possam rodeá-lo completamente, para que não deixe escapar o ar por lado algum.

Soprando o Candelabro.

Soprando Bolas de Sabão.

A SONORIDADE

Com o diafragma controlando a coluna de ar, com muita regularidade no sopro, obter-se-á um som doce e aveludado.

Portanto, lembre-se sempre ao tocar suas peças na sua DOCE FLAUTA DOCE, que o segredo de uma bela sonoridade, consiste na observação rigorosa de uma perfeita Respiração.

A LÍNGUA

FORTE
Os passarinhos e as ovelhas
espantaram-se com a aspereza do som.

A articulação da língua é essencial nos instrumentos de sopro.

Ela atua como se fosse uma válvula. Usando a sílaba TÊ, notamos que a ponta da língua atinge a parte anterior do céu da boca, próxima aos dentes superiores.

Cada som será obtido golpeando levemente a língua contra a parte anterior do céu da boca.

Quando a ponta da língua abaixa, ela deixa o ar passar para que este entre no bico da flauta.

Antes de entrarmos na parte prática, porém, deve-se fazer um pequeno exercício sobre a sílaba TÊ, conjugada com a respiração.

Se pronunciarmos fortemente a sílaba TÊ o som sairá feio, estridente e desafinado.

É de suma importância que pronunciemos suavemente o TÊ, para conseguirmos um som puro, doce e de perfeita afinação.

A SÍLABA TÊ

E A RESPIRAÇÃO

Até agora, tratamos teoricamente da «Flauta Doce». Ela se manteve quieta e silenciosa, talvez dormindo.

Antes de despertá-la e colocá-la em nossas mãos, vamos preparar uma perfeita respiração.

Sopre primeiramente todo o ar contido nos pulmões e, em seguida, inspire sustentando os músculos do abdômen.

Assim, conseguirá uma perfeita respiração, para obter um som SUAVE e não FORTE.

Respire primeiramente e depois pronuncie a sílaba TÊ bem baixinho, como um sussurro, mantendo a coluna de ar, soltando-o suavemente, para uma perfeita Expiração. Usa-se também a sílaba TUT envez de TÊ, ficando esta escolha à critério do Professor. Há flautistas que usam o TUT para as notas agudas: depois do Sol do 1.º espaço suplementar superior.

SUAVE
Os passarinhos e as ovelhas dormiram com a doçura do som.

EXERCÍCIO

Inspire primeiro	TÊ TÊ TÊ	Inspirar	TÊ TÊ TÊ	Inspirar	TÊ TÊ TÊ
	Expirar		Expirar		Expirar

VAMOS DESPERTAR A FLAUTA DO SEU SONO!...

Instrumento delicado, suave, romântico, é esta «FLAUTA DOCE»!

Ela condiz mesmo com o nome que tem.

Pan, Deus da Mitologia, Deus Pastoral, Deus das planícies e bosques, com sua flauta em doces melodias, atraía ninfas e musas.

É a flauta dos pastores que ecoa nas montanhas, embalando suas ovelhas; é a flauta dos anjos que tocam para o Menino Jesus; é a flauta dos encantadores de serpentes, que, embevecidas pelo seu som, dançam para o seu amo.

É a flauta, que depois de muito aperfeiçoada, tornou-se a Flauta Mágica de Mozart, instrumento predileto desse grande Mestre da Música!

Vamos, portanto, despertá-la de mansinho e fazê-la tocar!

E A FLAUTA DESPERTOU!...

Tomemos a flauta levemente entre os dedos, colocando-os em seus respectivos furos. O dedo mínimo da mão esquerda deve ficar ligeiramente afastado, pois nunca vai ser utilizado.

Levante os dedos todos um pouquinho acima dos furos, deixando fechados apenas o primeiro furo de cima (tapado com o indicador da mão esquerda) e o de trás da flauta (fechado com o polegar também da mão esquerda).

O polegar da mão direita ajuda a segurar e firmar a flauta por trás, em combinação com o apoio dos outros dois dedos da mão esquerda que já estão colocados.

O Segredo

Agora, leve-a cuidadosamente aos lábios onde ficará mais firme ainda com o auxílio da própria embocadura, formando assim três pontos de apoio.

Após inspirar, pronuncie baixinho a sílaba TÊ, como se estivesse contando um SEGREDO ao ouvido de alguém.

Faça de conta que quer jogar o TÊ dentro do bico da flauta.

Teremos, assim, a nota SI

COMO TOCAR A FLAUTA DOCE

SI

MÃO ESQUERDA
SI 1.ª POSIÇÃO

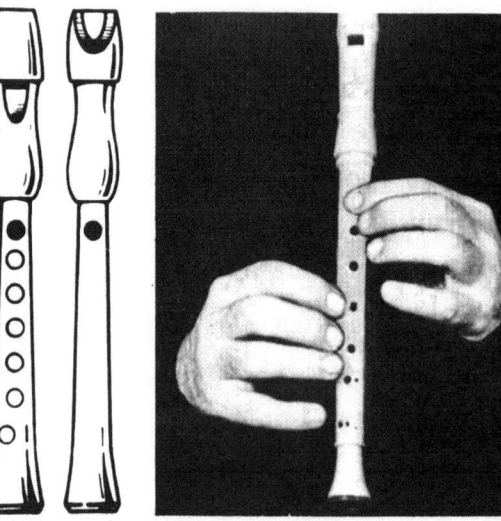
Si 1.ª Posição.

O Si encontra-se tapando o primeiro furo de cima com o indicador da mão esquerda e o de trás com o polegar também da mão esquerda.

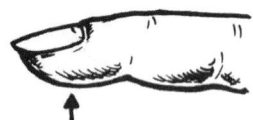
Polpa do Dedo.

Os furos são fechados com a polpa dos dedos e não com as pontas.

○ Furo Aberto ● Furo Fechado ◐ Fechado pela Metade

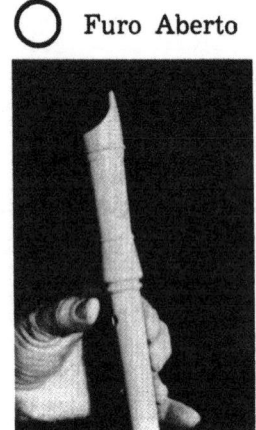
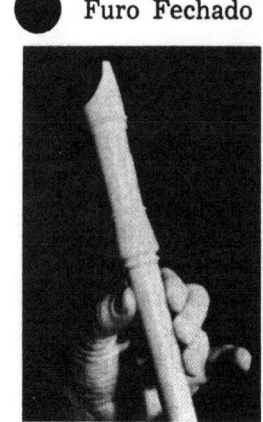
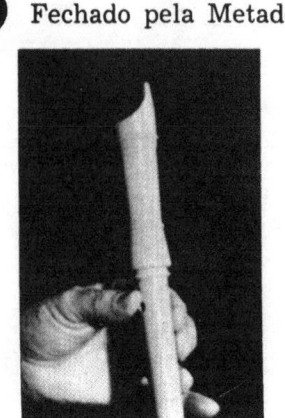

TESTE POR IMITAÇÃO

O Professor tocará primeiro e o aluno o imitará até que se aproxime totalmente da afinação e ritmo do seu mestre.

DIÁLOGO ENTRE ALUNO E PROFESSOR

O Professor toca o Si e espera que o aluno responda, imitando-o em sua flauta.

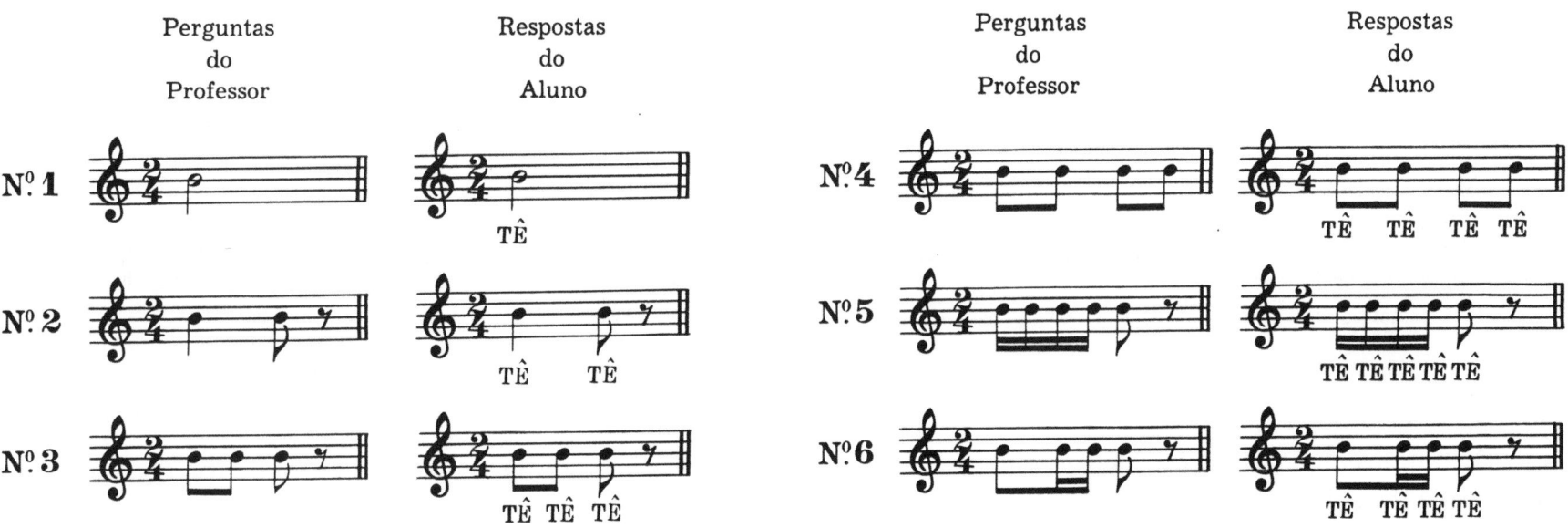

A critério do Professor, poderão ser criados outros exercícios para que o aluno o imite.

A FLAUTA E O DESAFIO

TESTE POR IMITAÇÃO

Folclore mineiro
(Letra caipira)

PERGUNTA DO PROFESSOR

RESPOSTA DO ALUNO

RESPIRAÇÃO

Nas músicas de «Flauta Doce», respira-se nos finais de frases precedidas de pausas ou onde for encontrado um sinal de vírgula (,)

A respiração pode ser Profunda, Média e Breve, dependendo do fraseado musical. A Inspiração Breve é usada entre uma frase e outra onde não há tempo para inspirar demoradamente. É uma inspiração rápida, usada também em subdivisões de frase.

LÁ

O LÁ encontra-se tapando os dois primeiros furos de cima e o de trás.

LIGADURA

As notas podem ser tocadas separadamente ou ligadas. Para ligá-las, usa-se uma linha curva (Ligadura) unindo os sons.

Quando são duas notas, sopra-se o **TÊ** somente na primeira e a seguinte se produz aproveitando o sopro da anterior.

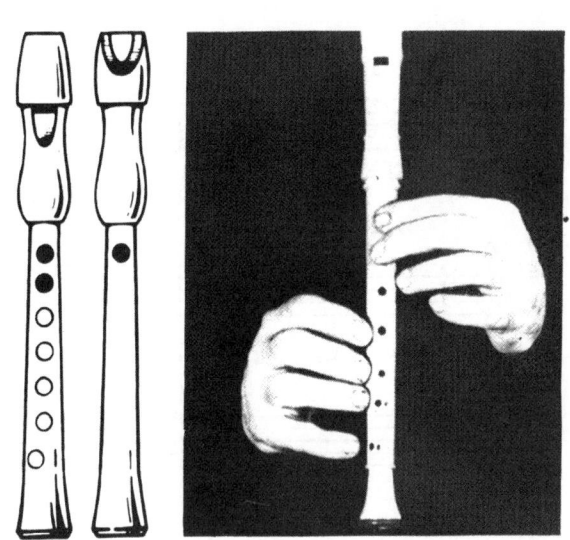

CONFUSÃO NA FLAUTA
(SOMENTE 2 NOTAS)

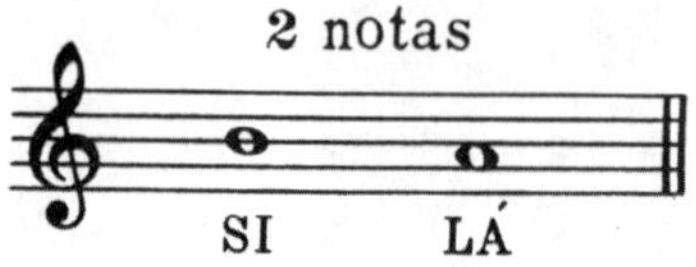

Letra e Música
de
Mário Mascarenhas

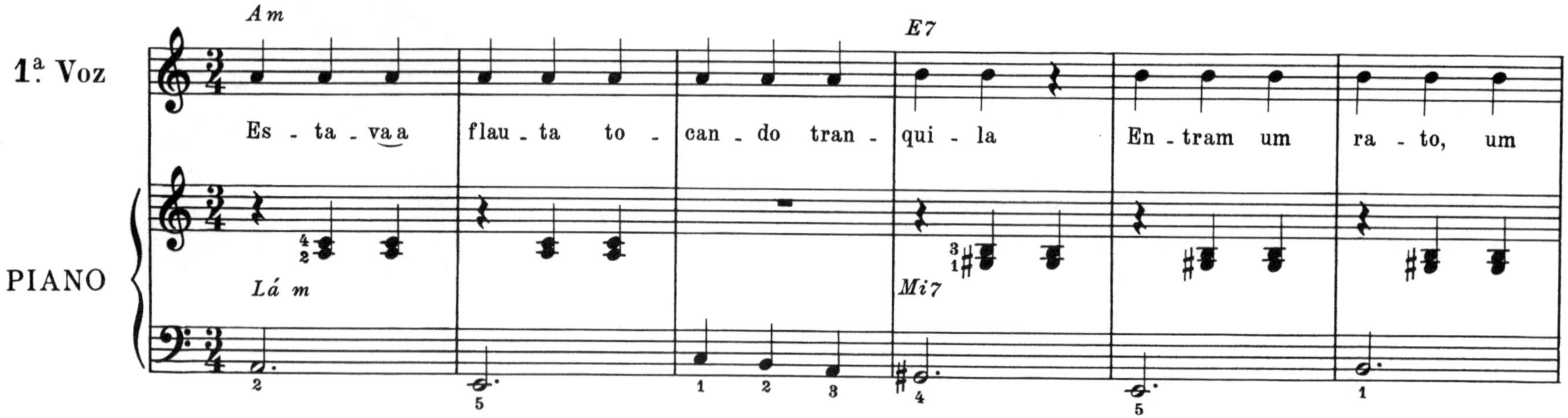

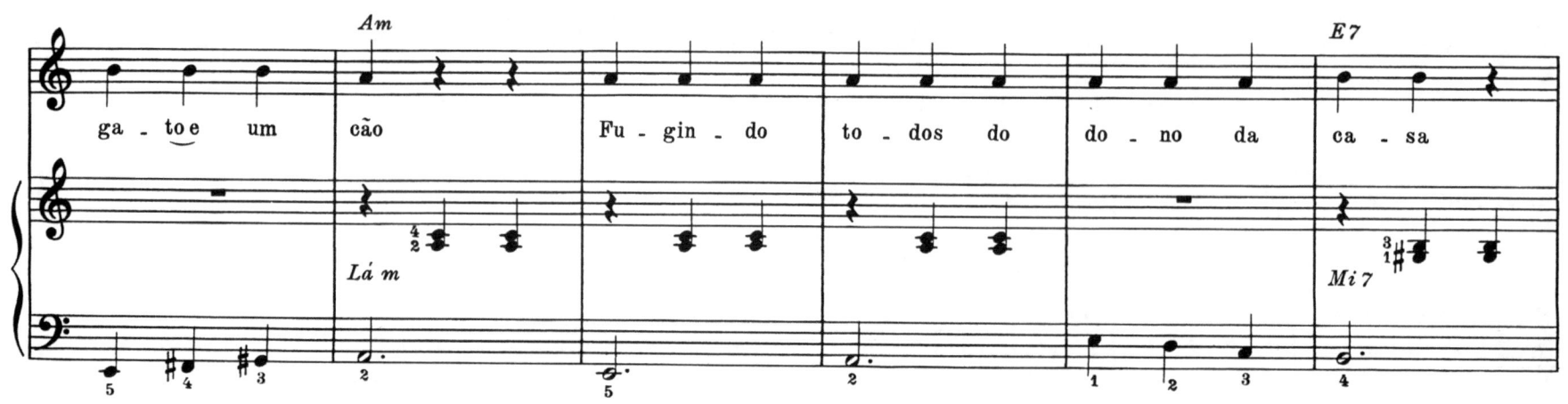

SOL

Para encontrar a nota Sol, tapa-se os três primeiros furos de cima e o de trás da flauta.

O Professor poderá tocar em Uníssono, para que o aluno se acostume a tocar em conjunto.

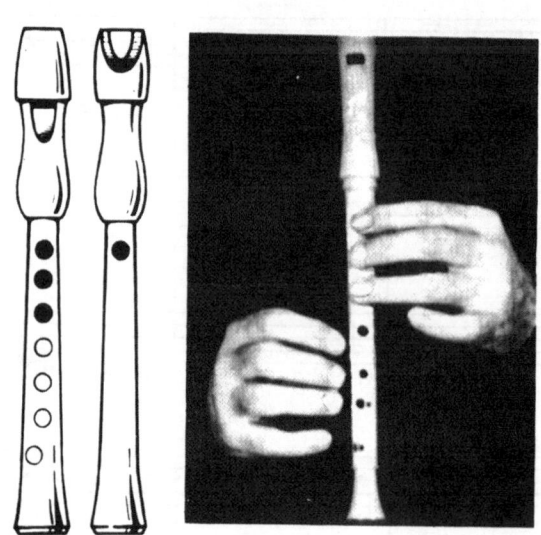

SOL-LÁ-SI

Limpe sempre o instrumento após o uso. Para isto separe a parte superior do corpo da flauta, tape a janela e sopre com força para sair toda a saliva. Deve-se guardá-lo sempre seco. Às vezes, também, a flauta não toca por excesso de saliva: o executante deverá então soprar pela janela do bisel para tirá-la, sem contudo separar as duas partes.

A FLAUTA E A POLCA TRÁ-LÁ-LÁ

Letra e Música de Mário Mascarenhas

O violão e o piano poderão acompanhar esta polca pelas cifras marcadas na música.

Os instrumentos de percussão serão colocados, a critério do Professor, formando, assim, um belo número para apresentação. É muito importante não esquecer as palmas no acompanhamento desta música.

O CASAMENTO DA FLAUTA

VALSA

Letra e Música de Mário Mascarenhas

LEGATO

Palavra italiana, quer dizer ligado, indica que se deve passar de uma nota para outra, sem interrupção de som. Pode ser representado pela **Ligadura**, que é uma linha curva abrangendo as notas que devem ser ligadas, ou pela palavra **Legato**.

A sílaba TÊ é aplicada no Staccato (notas destacadas) e nas frases normais (separadas, não legato). Nas frases indicadas por Ligadura (Legato), ataca-se o TÊ somente na primeira nota, mantendo a coluna de ar e articulando os dedos.

DÓ

Repare que o Dó consegue-se fechando o segundo furo da frente e o de trás.

DÓ-SI

DÓ-LÁ

DÓ-SOL

DÓ-SI-LÁ-SOL

Atenção para que nenhum furo esteja mal tapado, pois a nota sai desafinada.

MINHA FLAUTA É MEU TESOURO

Letra e Música de Mário Mascarenhas

A FLAUTA, O AVÔ E A VOVÓ

Letra e Música de Mário Mascarenhas

MINHA DOCE FLAUTA DOCE

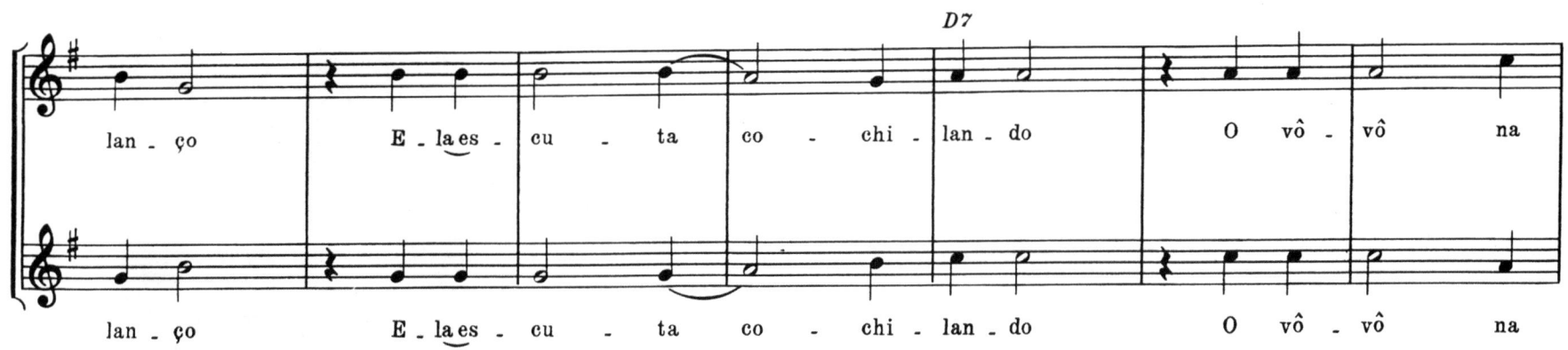

Observação — A 2.ª voz das músicas contidas neste livro foram adaptadas com o mesmo grau de dificuldade da 1.ª voz, de acordo com o aparecimento de cada nota nova.

Assim sendo, dois ou mais colegas, do mesmo adiantamento, poderão se revezar, mudando de voz quando quizerem.

Apesar de não ser uma 2.ª voz muito rica, por ser limitado o número de notas que podem ser empregadas, o executante encontrará sempre alguem para praticar em conjunto.

RÉ

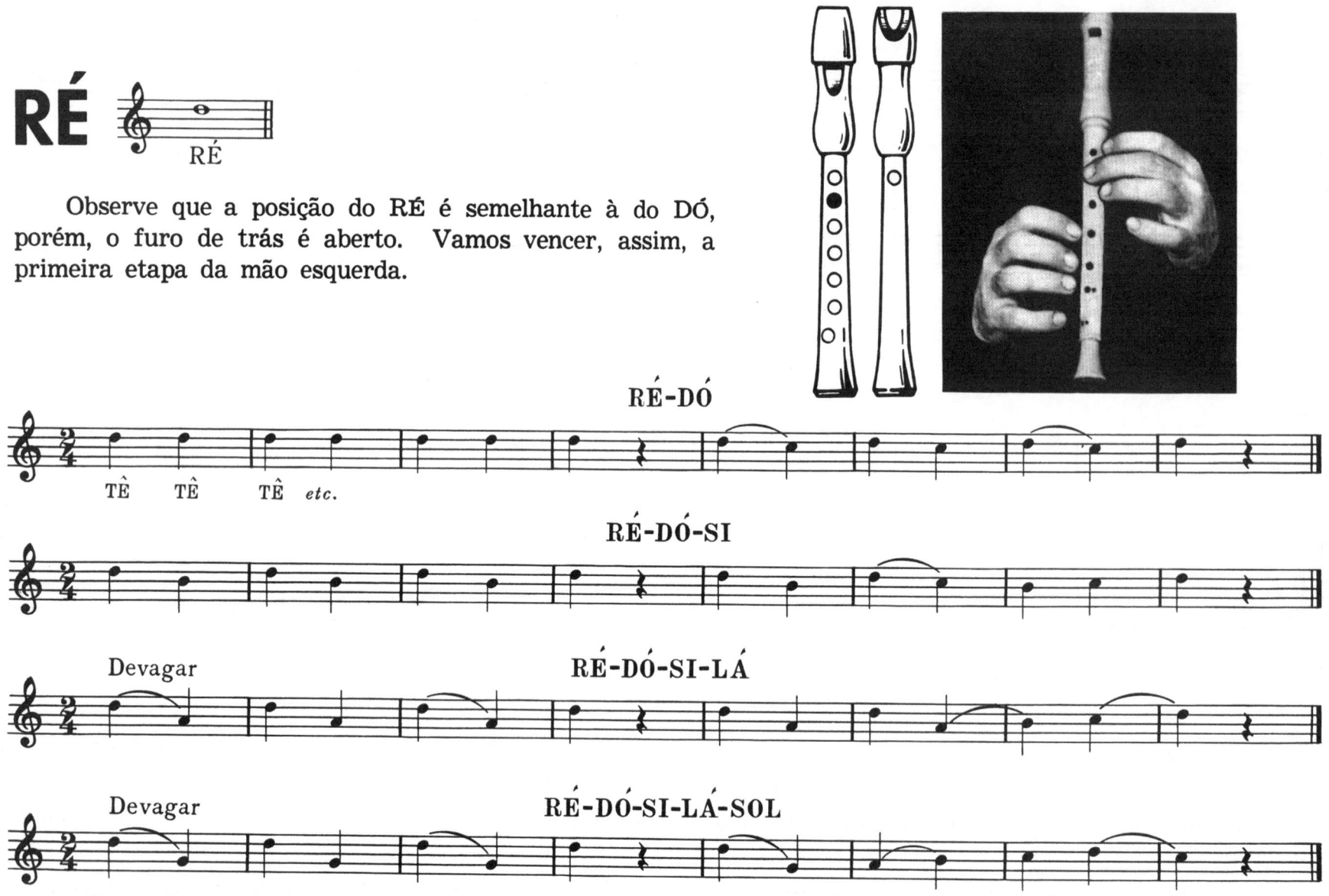

Observe que a posição do RÉ é semelhante à do DÓ, porém, o furo de trás é aberto. Vamos vencer, assim, a primeira etapa da mão esquerda.

TÊ TÊ TÊ etc.

Devagar

Devagar

Tocar devagar os exercícios acima para perfeita mudança de posição.

A FAMÍLIA DA FLAUTINHA VAI EM FÉRIAS
MARCHA

MÚSICAS E LETRAS

O autor procurou compor as peças de acordo com o aparecimento de cada nota nova que surge, seguindo rigorosamente a didática. Quanto às letras das músicas, para dar um sentido pedagógico, ele insistiu, referindo-se sempre à flauta. Na música que segue, por exemplo, idealizou «A FAMÍLIA DA FLAUTA VAI EM FÉRIAS», com o intuito de ficar bem gravado o conhecimento da FAMÍLIA DA FLAUTA DOCE, que é composta de 5 espécies: Sopranino em Fá, Soprano em Dó, Contralto em Fá, Tenor em Dó e Baixo em Fá.

A família da flautinha está em férias,
Eles vão ver as montanhas e cascatas,
Querem ver as borboletas multicores
E os sabiás cantando alegres lá nas matas.

Prá condução, vai o Sopranino em Fá,
Depois o Soprano em Dó, depois o Contralto em Fá,
Entra o Tenor em Dó, vai o Baixo em Fá também,
Todos eles vão correndo para não perder o trem!

Letra e Música
de
Mário Mascarenhas

MINHA DOCE FLAUTA DOCE

A parte de piano foi idealizada bem fácil, com adiantamento da didática da flauta.

HINO À FLAUTA DOCE

MINHA DOCE FLAUTA DOCE

lar   Com seu do-ce e pu-ro som   Pa-ra o mun-do en-can-tar   Vi-va a flau-ta _____ Vi-va a flau-ta _____ Vi-va   Vi-va a Flau-ta Do-ce.

Dó M   Sol M   Ré 7   Sol M   Dó m

Sol M   Ré 7   Sol M

SI 2.ª POSIÇÃO

SI

Há certas notas na Flauta Doce, que podem ser obtidas com outra posição. Chama-se posição auxiliar e é empregada em certas passagens apenas para facilitar a digitação e a execução.

É opcional, isto é, o executante a empregará quando achar necessário, como no caso deste Si, por exemplo, que encontra-se fechando o 2.º e 3.º furo e o de trás.

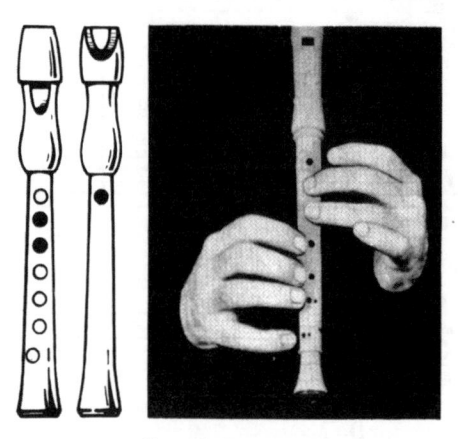

Si 2.ª Posição.

A primeira posição do Si é mais empregada antes ou depois do Lá e a segunda posição antes ou depois do Dó.

MÃO ESQUERDA E DIREITA

FÁ

Há duas espécies de Flauta Doce Soprano: a Germânica e a Barroca (Vide quadro na pág. 11).

SISTEMA BARROCO E GERMÂNICO

A diferença do Sistema Barroco do Germânico, é que o Barroco é tradicional, enquanto o Germânico é moderno e facilitado. Na realidade o som não se modifica, é apenas diferença de formação de posição, isto é, de dedilhado.

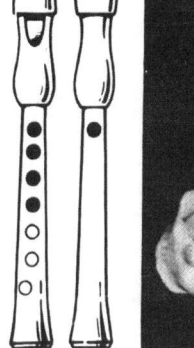

FÁ Germânico.

POSIÇÃO DO FÁ GERMÂNICO

Estando todos os furos da mão esquerda fechados, como sejam o 1.º, 2.º e 3.º da frente e o de trás, fecha-se também o 4.º furo da frente com o Indicador da mão direita, teremos assim, a posição do FÁ Germânico.

POSIÇÃO DO FÁ BARROCO

Na posição do FÁ Barroco, fecham-se todos os furos, deixando aberto apenas o 5.º furo da frente. Nesta posição forma-se na mão direita uma espécie de forquilha, entre o indicador e o anular, levantando o Médio. No FÁ Germânico não tem forquilha, pois os dedos se seguem abaixados desde o 1.º ao 4.º furo.

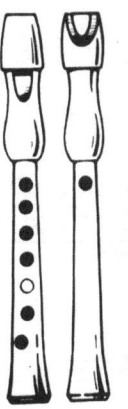

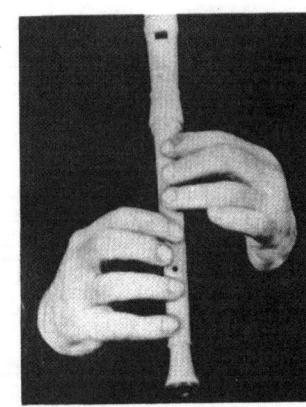

FÁ Barroco.

A FLAUTA DE PAN

TARANTELA

5 notas: FA SOL LA SI DÓ

Letra e Música
de
Mário Mascarenhas

Moderato

1ª Voz / 2ª Voz

Vai o lhan_do pa_ra o céu Vai o lhan_do pa_ra o mar Vai o PAN sem_pre a to_car Su_a flau_ta sem pa_rar Che_gam nin_fas prá dan_çar Che_gam mu_sas prá can_tar E o PAN pa_ra a_gra_dar Con_ti_nu_a a to_car.

TOM E SEMITOM

SEMITOM — É a menor distância entre dois sons.
TOM — É o intervalo formado de dois semitons.

SINAIS DE ALTERAÇÃO

São sinais colocados antes das notas, para modificar-lhes a entoação, elevando ou abaixando um ou dois semitons. São cinco os sinais de alteração:

♯ Sustenido — Eléva a nota um semitom.
♭ Bemol — Abaixa a nota um semitom.
× Dobrado Sustenido — Eleva a nota um tom.
♭♭ Dobrado Bemol — Abaixa a nota um tom.
♮ Bequadro — Faz a nota voltar ao seu estado natural.

ARMADURA DE CLAVE

Armadura de Clave — É a quantidade de sustenidos e bemois que se colocam no princípio da pauta, após a clave.

As notas que aparecem no decorrer da peça, serão sustenizadas ou bemolizadas de acordo com os sustenidos ou bemois indicados na armadura. Chamam-se Alterações Constitutivas.

Alterações Acidentais ou Ocorrentes — São as que aparecem durante o trecho e seu efeito é somente dentro do compasso em que estão colocadas.

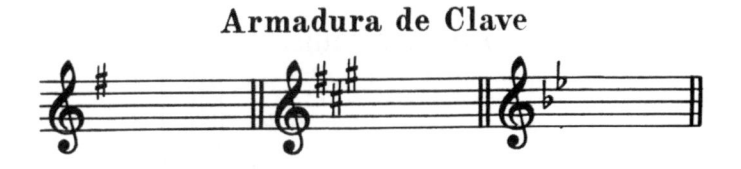

UM PASSEIO PELA FLAUTA

MÃO ESQUERDA
Si Lá Sol

MÃO DIREITA
Fá Mi Ré Dó

FÁ Germânico

Sopre suavemente as notas RÉ e DÓ

Nº 1

Mão Esquerda · Mão Direita · Pouco ar · Pouco ar

UM PASSEIO PELA FLAUTA

Ao realizarmos este pequeno passeio pela Flauta, seguindo a continuidade do dedilhado até ao último furo, notamos que o RÉ e o DÓ graves são as duas notas de mais difícil emissão. Isto porque é necessário mais controle do diafragma, uma vez que os sons graves da Flauta Doce, são obtidos através de um sopro mais suave e leve.

Por isso, ao invés de continuarmos a ordem decrescente da escala: DÓ — SI — LÁ — SOL — FÁ — MI — RÉ — DÓ, vamos preparar, nas lições seguintes, as posições derivadas do FÁ que é Si ♭, do MI — SOL ♯ e do RÉ — FÁ ♯, localizadas no meio do corpo da flauta, onde o sopro é de fácil controle.

As notas Si ♭, SOL ♯, e FÁ ♯ oferecem mais motivação ao estudante, dando-lhe a oportunidade de executar peças em outras tonalidades.

Após a aprendizagem de outras notas no centro da Flauta, ele adquirirá mais controle do diafragma e sentirá grande facilidade em emitir o DÓ, DÓ ♯, RÉ e RÉ ♯ graves, que aparecerão nas lições seguintes.

É esta a razão deste pequeno passeio pela Flauta, para que o estudante conheça apenas, a dificuldade da emissão do RÉ e DÓ graves, o que poderá continuar praticando calmamente, porém, sem muita insistência no momento.

SI♭ OU LÁ♯

O Si♭ é o companheiro do FÁ. Chama-se assim porque ele é formado logo após o conhecimento da posição Germânica do FÁ, bastando apenas levantar o dedo médio da mão esquerda.

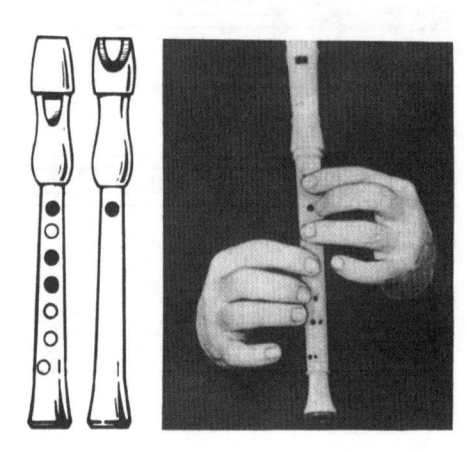

FORQUILHA

Quando na mão esquerda levanta-se o 2.º dedo, deixando o 1.º e 3.º abaixados tapando os furos, damos a isto, o nome de Forquilha.

Na mão direita, a forquilha é feita entre o 4.º e o 6.º furo e entre o 5.º e o 7.º.

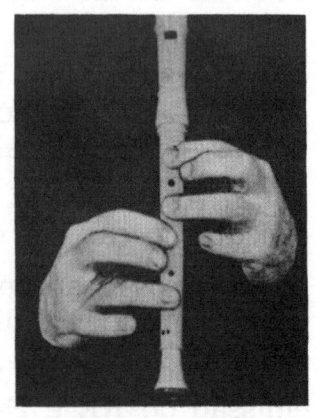

Pode-se usar a forquilha dupla, quando ela é feita nas duas mãos, isto é, FÁ Barroco no 1.º espaço da pauta e para o Si♭ da 3.ª linha.

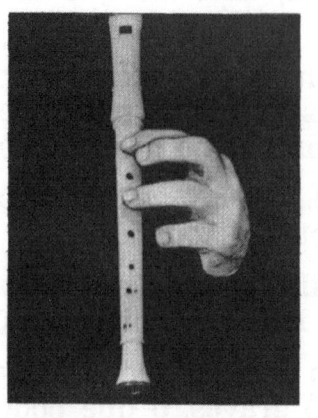

Forquilha Simples.   Forquilha Dupla.

MINHA DOCE FLAUTA DOCE — 45

MARCHA SOLDADO

Folclore Brasileiro

Allegro Marcial

1ª Voz / 2ª Voz

Mar - cha sol - da - do ca - be - ça de pa - pel Se não mar - char di - rei - to Vai pre - so pro quar - tel.

CAI, CAI, BALÃO

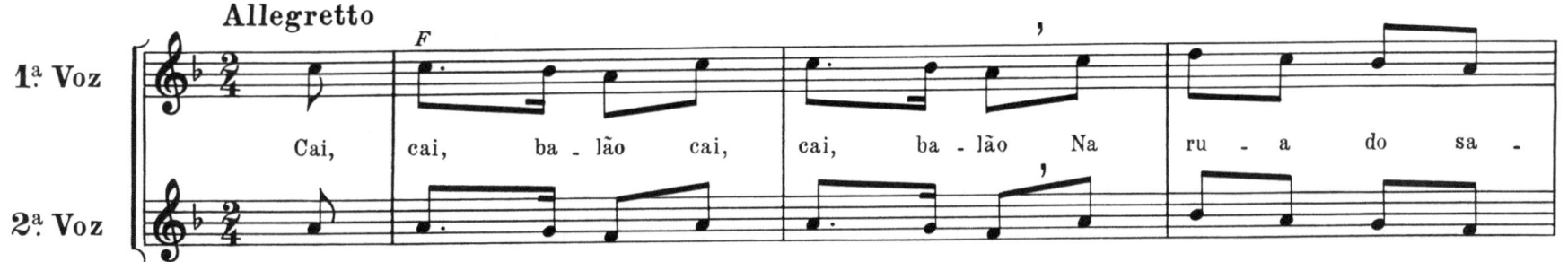

Folclore Brasileiro

Allegretto

1ª Voz / 2ª Voz

Cai, cai, ba - lão cai, cai, ba - lão Na ru - a do sa - bão Não cai não! Não cai não! Não cai não! Cai a - qui na mi - nha mão.

MI

MI

O Mi nada mais é do que a continuação do FÁ, bastando apenas tapar também o furo próximo a ele, isto é, o 5.º de cima para baixo, tapando-o com o dedo Médio da mão direita.

Ficam, portanto, fechados do 1.º ao 5.º e o de trás.

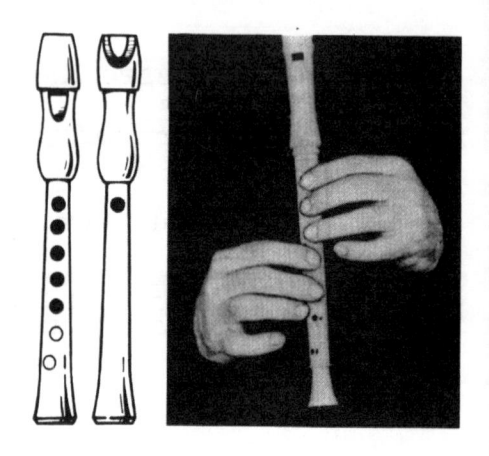

OBSERVAÇÃO

As músicas colocadas neste 1.º Volume, foram selecionadas de acordo com cada nota nova que aparece, até ao Dó da 2.ª Linha Suplementar Superior, que é a nota mais aguda apresentada neste livro.

Assim sendo, seguindo a didática, o 1.º Volume inicia com músicas da mais fácil execução possível até a outras peças como o Noturno de Chopin, Adágio em Sol Menor, de Tomaso Albinoni, onde as notas são agudas, justamente para o conhecimento de todas as posições.

Impossível seria, colocar diversas peças em cada nota nova que surge, por isso, no 2.º Volume, há uma profusão de músicas fáceis, rigorosamente escolhidas, das mais belas e mais adaptáveis para «Flauta Doce» em duas (2) e três (3) vozes.

O 2.º Volume, nada mais é do que um recreio agradável e para «Prática de Leitura» onde o executante de «Flauta Doce», poderá tocar todas as peças com facilidade, baseado na aprendizagem do 1.º Volume.

O PÁSTORZINHO

Folclore Brasileiro

Allegretto

1ª Voz: Haviaum pastorzinho que andava a pastorar Saiu de sua casa e pôs-se a cantar Sol Lá Si Dó Dó Dó Sol Lá Sol Lá Lá Lá Sol Ré Dó Si Si Si Sol Lá Si Dó Dó Dó Sol Lá Si Dó Dó Dó Sol Lá Sol Lá Lá Lá Sol Ré Dó Si Si Si Sol Lá Si Dó Dó Dó FIM

2ª Voz: Haviaum pastorzinho que andava a pastorar a pastorar sua casa e pôs-se a cantar Sol Lá Si Dó Dó Lá Sol Lá Sol Fá Fá Fá Sol Si Lá Sol Sol Fá Fá Mi Mi Mi Sol Lá Si Dó Dó Lá Sol Lá Sol Fá Fá Fá Sol Si Lá Sol Sol Fá Fá Mi Mi Mi Ha

Do ao FIM

SOL♯ ou LÁ♭

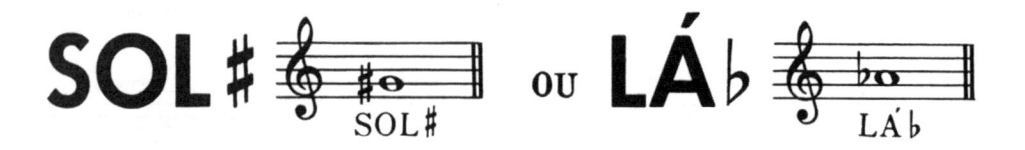

O mesmo que acontece com o FÁ e o Si♭, o Mi também tem o seu companheiro que é o Sol♯. Conserve a posição do Mi, levantando o anular da mão esquerda, destapando assim o 3.º furo de cima para baixo.

Sopre, e obterá um belo Sol♯.

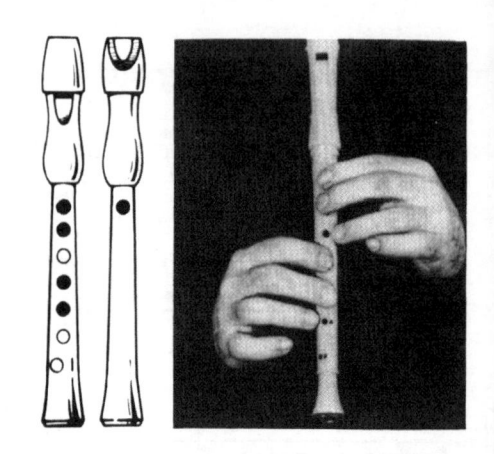

ENARMONIA

Enarmonia é a relação entre duas notas de nomes diferentes, porém, de mesma entoação.

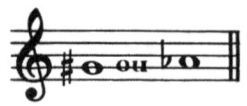

O ENCANTADOR DE SERPENTES

Música de
Mário Mascarenhas

Andante

MINHA DOCE FLAUTA DOCE

APRENDA A OUVIR AS OITAVAS

MI

MI 8.ª acima

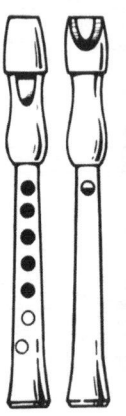

1.ª POSIÇÃO

É a mesma posição do Mi na 1.ª linha da pauta (já conhecida) bastando apenas que a polpa do dedo do polegar esquerdo cubra somente a metade do furo de trás.

2.ª POSIÇÃO

Fecha-se os furos do 2.º ao 5.º e os outros furos todos abertos, inclusive o de trás. Emprega-se a 2.ª posição na passagem do RÉ para o Mi 8.ª acima.

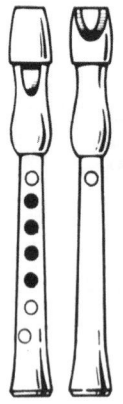

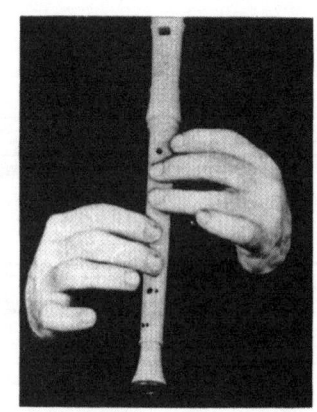

OBSERVAÇÃO

É muito importante que o estudante compreenda a diferença entre a 1.ª e 2.ª posições e posições do Sistema Germânico e Barroco. São dois assuntos independentes um do outro.

FURO FECHADO PELA METADE

Nos desenhos demonstrativos das posições, usa-se cobrir de negro a metade do furo, mas na realidade emprega-se somente $\frac{1}{3}$ e $\frac{1}{4}$ da abertura, para melhor afinação das oitavas.

Para fechar o furo de trás pela metade, tomba-se o polegar num pequeno movimento para um dos lados, levantando-o um pouco, até destapar metade do orifício.

Há flautistas que usam o meio furo destapando-o para o lado da descida da flauta (vide pág. 18) e outros ao contrário, abrem a metade do furo para cima, perto da emenda do bizel.

1.ª Posição.

2.ª Posição.

$\frac{1}{2}$ $\frac{1}{3}$ $\frac{1}{4}$

MINHA DOCE FLAUTA DOCE — 51

OH! SUSANA

Folclore Americano

[Sheet music: "Oh! Susana" arranged for two voices (1ª Voz and 2ª Voz), Allegro, 4/4, key of G. Lyrics: "I came from Alabama With my banjo on my knee I'm going to Lousiana My true love for to see. Oh! Susana Oh! dont you cry for me I've come from Alabama With my banjo on my knee."]

COMO DIFERENCIAR A FLAUTA DOCE SOPRANO GERMÂNICA DA BARROCA

Diferenciam-se da seguinte maneira: na GERMÂNICA o 5.º furo é menor e na BARROCA o menor é o 4.º.

As flautas GERMÂNICAS e BARROCAS têm 8 e 10 furos, sendo que as de 10 trazem o 6.º e o 7.º com furinhos duplos. Verifique o quadro da página 11. Geralmente a «Flauta Doce» Barroca tem um B gravado atrás.

A FAMÍLIA DA FLAUTA DOCE

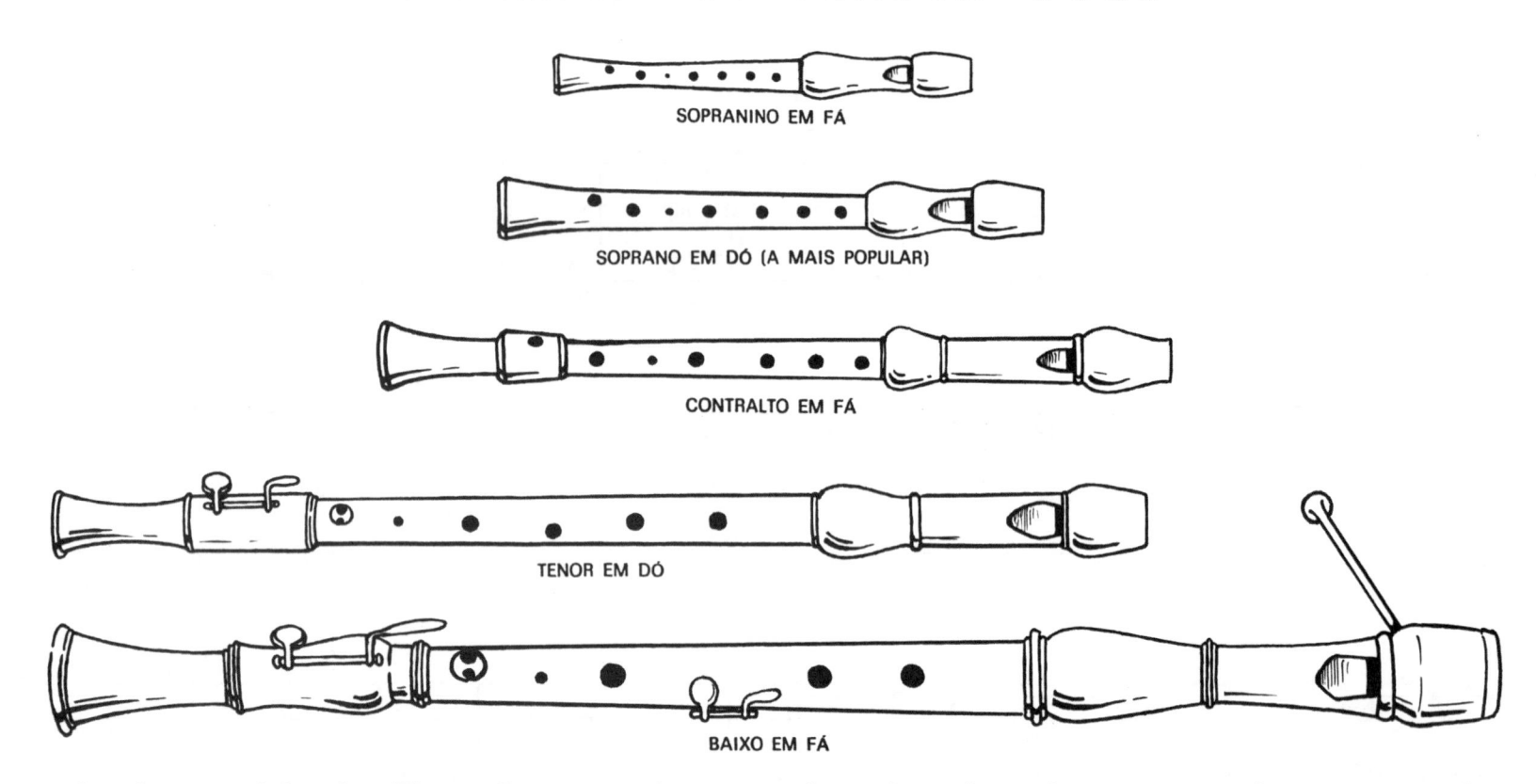

SOPRANINO EM FÁ

SOPRANO EM DÓ (A MAIS POPULAR)

CONTRALTO EM FÁ

TENOR EM DÓ

BAIXO EM FÁ

As cinco espécies de «Flauta Doce», conforme quadro acima, denominam-se segundo sua nota mais grave. O som real de cada nota é uma 8.ª acima de sua escrita musical, menos o Tenor, cujo som real é o mesmo de sua notação.

SOPRANINO EM FÁ — Notação Musical / Som real

SOPRANO EM DÓ — Som real

CONTRALTO EM FÁ — Som real

TENOR EM DÓ — Som igual

BAIXO EM FÁ — Som real

POSIÇÕES DO FÁ, SOL E LÁ OITAVA ACIMA

FÁ SOL LÁ

Excetuando a posição Barroca, as notas FÁ-SOL-LÁ oitava acima são formadas pelas posições primitivas, apenas destapando o furo de trás, pela metade e soprando um pouco mais forte.

O Fá Barroco é uma exceção, visto não ter o 7.º dedo na posição de oitava. Verifique o Fá Barroco do 1.º espaço da pauta na página 39.

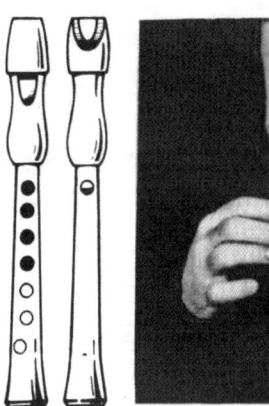

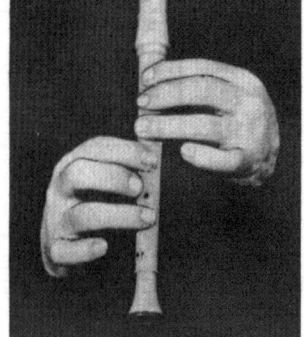

FÁ Germânico.

FÁ Barroco.

Observação: — Existem tipos de Flauta Doce em que na posição do LÁ oitava acima, há necessidade de colocar o 7.º dedo fechando o 7.º furo.

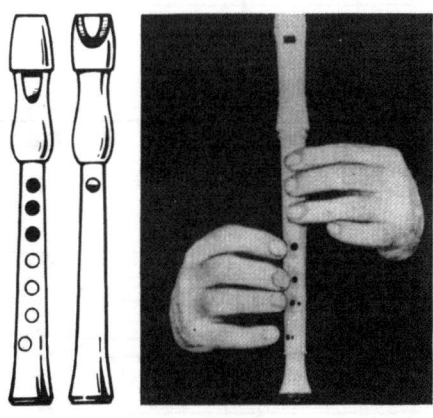

Sol

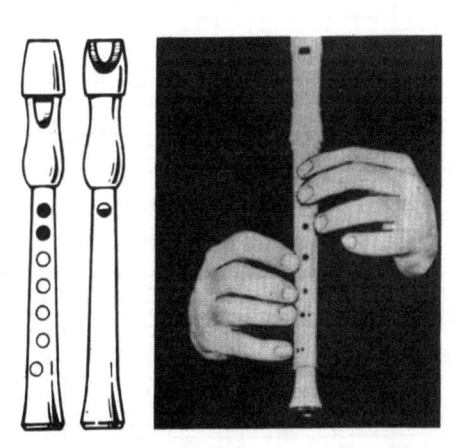

Lá

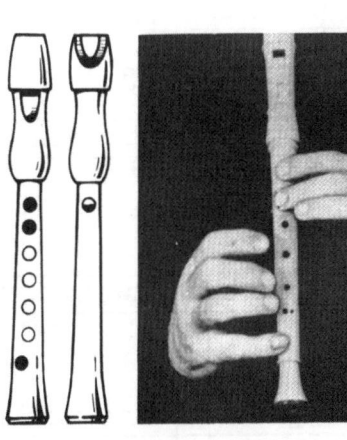

Lá (7.º Dedo).

LA RASPA

Allegro

Dança Mexicana

CEREJEIRAS EM FLOR
さくら さくら

Folclore Japonês

Moderato

[Sheet music for 1ª Voz and 2ª Voz with chord symbols: Dm, Gm6, F, Gm, A7]

さくら さくら
彌生のさくらは
見渡す限り
かすみか雲か
にほひぞ出づる
いざやいざや
見に行かむ

さくら さくら
咲いたさくら
花見てもどろ
吉野はさくら
龍田はもみぢ
唐崎の松
常盤々々
いざ行かむ

Tradução

Em março, as cerejeiras (Sakurá) florescem tanto que parecem uma nuvem cor de rosa, de um delicioso aroma. Em outubro é bonito apreciar o cair da folhagem vermelha das árvores (Momiji). Em Karasaki, os pinheirais (Matsu) permanecem verdes o ano todo. Vamos caminhar e apreciar todas estas belezas.

RÉ

Tapando todos os furos do 1.º ao 6.º e o de trás também, deixando apenas o 7.º aberto, teremos a nota RÉ.

Observação: — Quanto mais agudas são as notas, mais ar é necessário (sopro mais forte) e a proporção que as notas forem ficando mais graves, menos ar é preciso (sopro suave), principalmente no DÓ — DÓ # — RÉ e RÉ # graves.

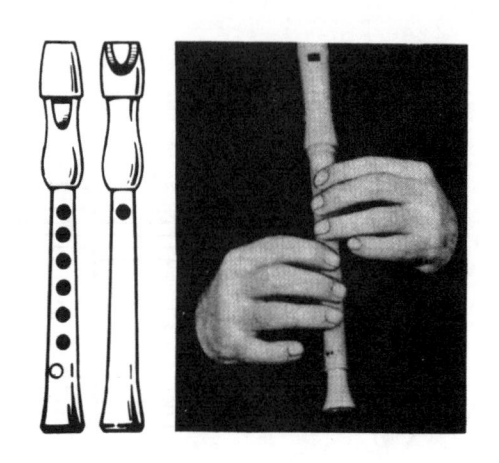

MULHER RENDEIRA
BAIÃO

Folclore Nordestino

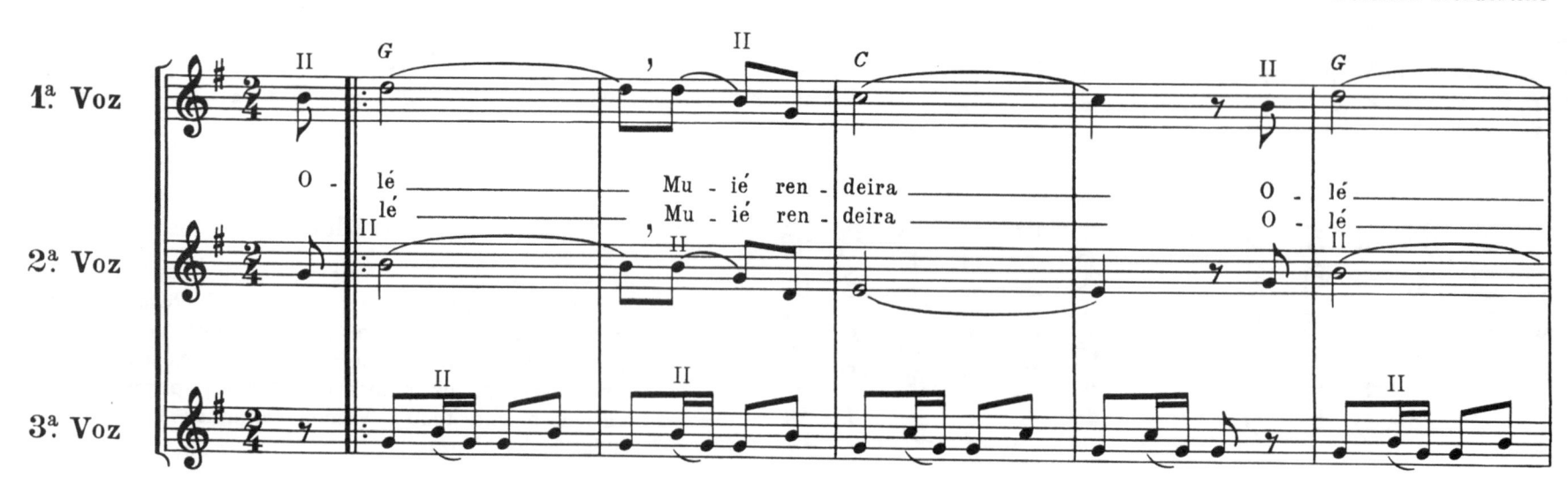

EXERCÍCIOS EM FORMA DE CANÇÕES

Para cada nota nova que surge, uma peça foi colocada a fim de exercitar esta nota, para um perfeito conhecimento de sua respectiva posição.

Estas peças nada mais são que exercícios em forma de canções.

FÁ# ou SOL♭

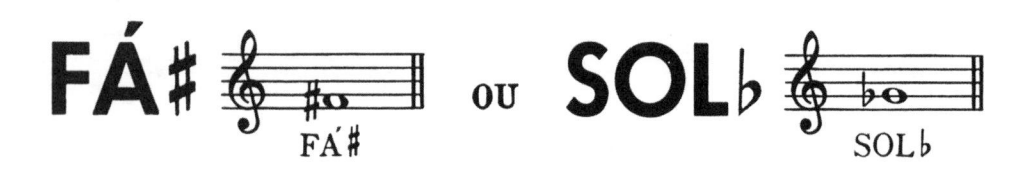

O FÁ♯ é o companheiro do RÉ. Faça a posição do RÉ, levante o indicador da mão direita, 4.º furo, acrescentando o 7.º dedo no 7.º furo e terá um FÁ♯, Sistema Germânico.

No Barroco, é o bastante levantar o 4.º dedo (Indicador da mão direita).

Observação: — As posições Germânicas são para Flauta Germânica e as posições Barrocas para Flauta Barroca, porém, há coincidências, em que podem ser feitas em ambas as flautas, como por exemplo o FÁ♯ do 1.º espaço da pauta.

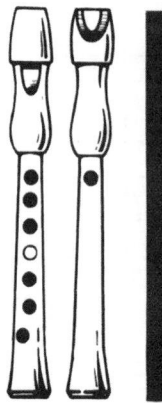

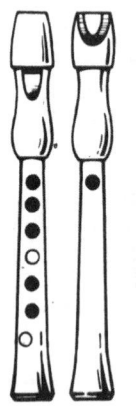

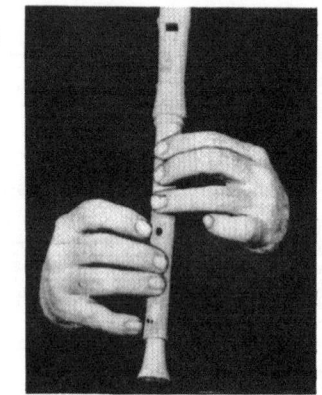

FÁ♯ Germânico.

FÁ♯ Barroco.

JINGLE BELLS

Folclore Americano

Allegro

1ª Voz

2ª Voz

MINHA DOCE FLAUTA DOCE

BOI DA CARA PRETA
Folclore Brasileiro

Boi, boi, boi! Boi da cara preta vem pegar o nenen Que tem medo de carêta
Não, não, não! Não pega ele não E_le é bonitinho, ele chora coitadinho!

FRÈRE JACQUES
Folclore Francês

1ª Voz: Frère Jacques, Frère Jacques, Dormez vous? Dormez vous?
2ª Voz: Frère Jacques Frère Jacques Dormez vous? Dormez vous?

Sonnez les matines Sonnez les matines Ding, ding, dong, Ding, ding, dong!
Sonnez les matines Sonnez les matines Ding, ding, dong dong!

MINHA DOCE FLAUTA DOCE — 61

QUEM INVENTOU A PARTIDA

Folclore Português

Andante.

1ª Voz / 2ª Voz

Quem inventou a partida Não sabe o que é o amor
Quem parte leva saudade Quem fica morre de dor

CARNAVAL DE VENEZA

Allegro assai

Folclore Italiano

PARABÉNS PRÁ VOCÊ

Mildred J. Hill

HISTÓRIA DA FLAUTA DOCE

Não se pode precisar exatamente a época em que foi inventada a FLAUTA DOCE, mas se sabe ser ela um dos instrumentos musicais mais antigos criados pelo Homem.

Naturalmente, no seu princípio, em tempos mais remotos, era feita de bambu, argila, mas só na Idade Média, é que ela aparece em velhas pinturas, murais, mosaicos, etc.

Na Renascença pouco a modificaram. O auge de sua popularidade foi na Inglaterra dos Séculos XVI e XVII e conta-se que Henrique VII organizava saraus na Corte com flautistas muito bem pagos e que Henrique VIII, ele mesmo, executava na «Flauta Doce» peças musicais em voga (não fosse ele chamado Pai das Artes).

Muitas são as referências sobre a «Flauta Doce» daquele tempo. Henrique VIII possuia uma coleção de 75 flautas diferentes.

A flauta esteve paralizada e esquecida mais de 100 anos, quando pelo Século XVIII, ganhou nova popularidade. Deve-se a Arnold Delmetsch, ter revivido a flauta, fabricando-a com mais recursos.

Foi contudo, no Período Barroco, que grandes músicos passaram a compor obras especialmente para serem executadas pela «Flauta Doce». Assim o fizeram compositores como Mathesen, Telemann, Vivaldi, Scarlatti, Händel, Bach, etc., cujas obras imortais são hoje extensamente divulgadas, inclusive no Brasil, onde a «Flauta Doce» é cada vez mais popular. Essa é a razão porque o ensino desse instrumento é largamente difundido nas Escolas de Música de nosso País, pois sua maviosa sonoridade tem o poder de motivar na juventude o gosto pela arte musical.

FÁ# ou SOLb

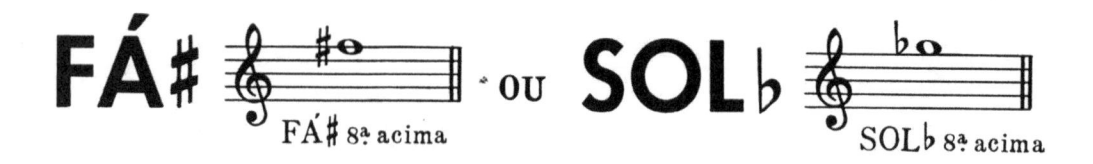

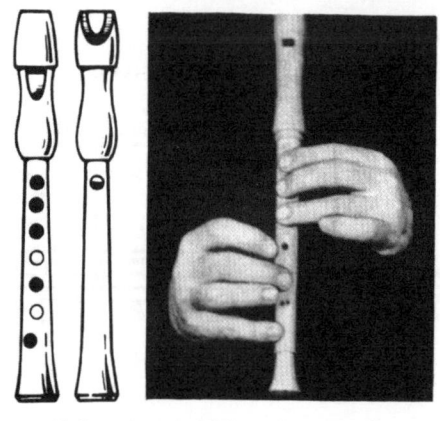

FÁ# 8ª acima — SOLb 8ª acima

O FÁ♯ oitava acima no Sistema Germânico é o seguinte: prepare a posição primitiva do FÁ♯ (1.º espaço da pauta) e levante o 6.º dedo, formando assim uma forquilha entre o 5.º e o 7.º dedo. Tape só a metade do furo de trás e sopre um pouco mais forte.

No Sistema Barroco, levante o 6.º dedo da posição primitiva. Tape a metade do furo de trás, soprando um pouco mais forte.

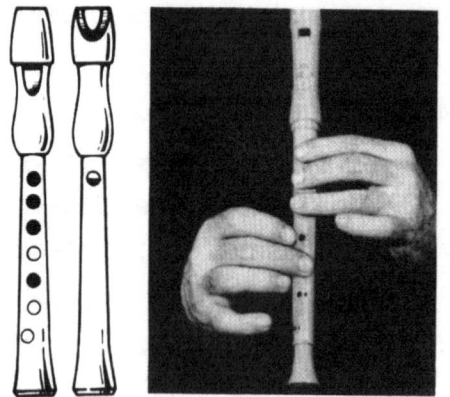

(8.ª acima) FÁ♯ Germânico.

(8.ª acima) FÁ♯ Barroco.

BEAUTIFUL DREAM

(LINDO SONHO)

Folclore Americano

Moderato

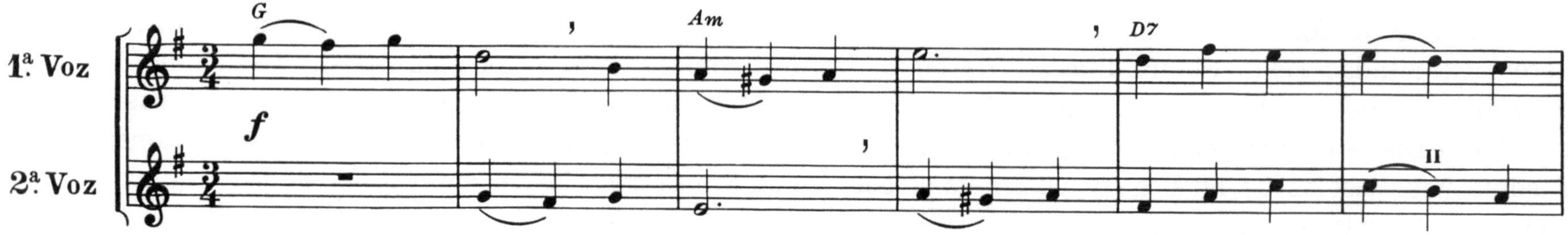

1ª Voz — *f*

2ª Voz

MINHA DOCE FLAUTA DOCE

DÓ

Agora, todos os furos estão fechados. Observe se estão todos realmente bem tapados, sem nenhuma abertura, para que não haja passagem do ar.

Sopre suavemente, formando pouca coluna de ar. O DÓ não precisa muito ar, somente conseguirá um DÓ puro soprando e pronunciando o TÊ docemente.

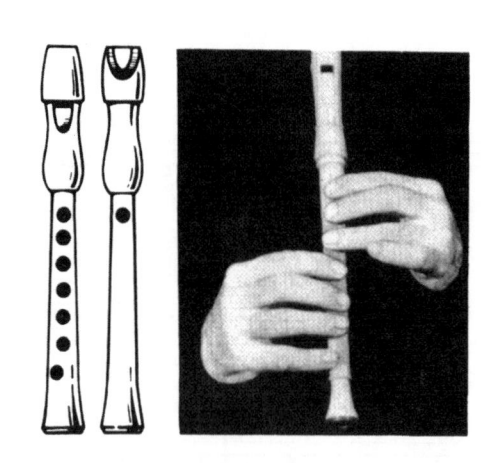

ESCALA EM DÓ MAIOR

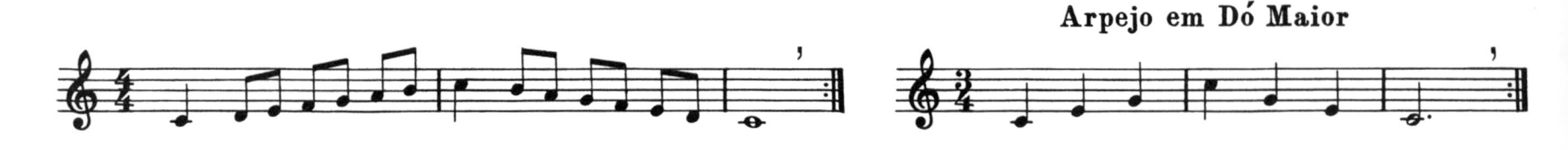

Arpejo em Dó Maior

ESCALA EM SOL MAIOR

Arpejo em Sol Maior

NOITE FELIZ

Franz Gruber

Andante

1ª Voz / 2ª Voz

p

Noi - te Fe - liz! Noi - te Fe - liz! De A - mor e A - le - gria!

U - ma es - tre - la no céu a - nun - cia Que nas - ceu o Me - ni - no Je - sus.

mf Nes - ta Noi - te Fe - liz *p* Chei - a de Paz e de Luz. *rall.* *pp*

DÓ♯ ou RÉ♭

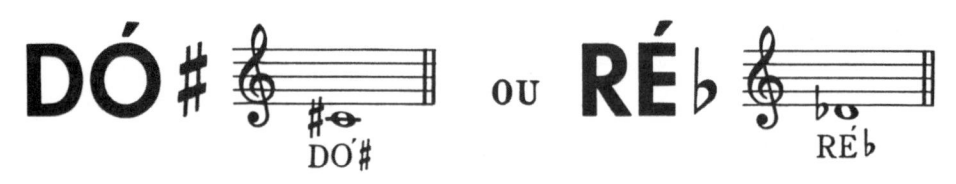

A posição do DÓ♯ é a mesma do DÓ natural (todos os furos fechados), porém, fechado o 7.º furo somente pela metade.

O 7.º furo é o último de baixo.

Nas flautas que têm o DÓ grave com «Furos Duplos», afasta-se o 7.º dedo, fechando o furinho do lado da mão direita. Pratique diversas vezes DÓ - DÓ♯.

DÓ♯

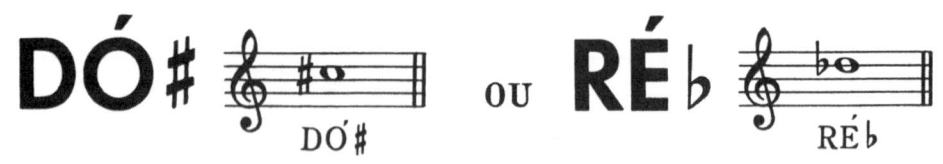

DÓ♯ ou RÉ♭

O DÓ♯ no 3.º espaço da pauta é semelhante à posição do LÁ do 2.º espaço, porém, destapando o furo de trás.

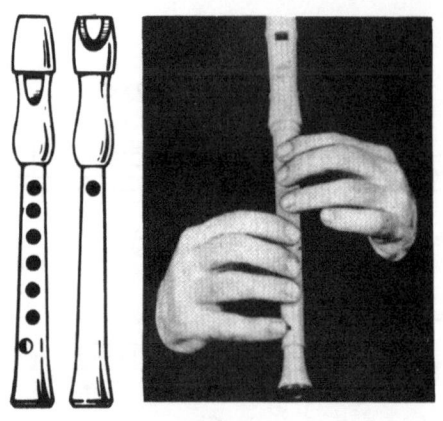

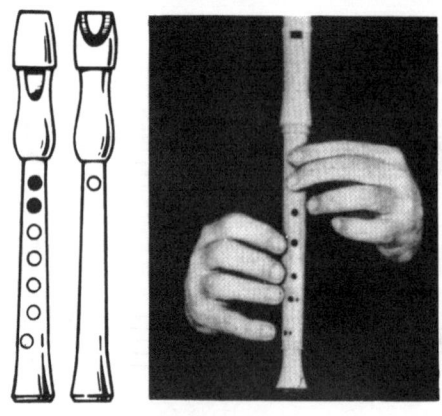

DÓ♯ 8.ª acima.

ESCALA EM RÉ MAIOR

Arpejo em Ré Maior

ESCALA EM FÁ MAIOR

Arpejo em Fá Maior

NESTA RUA MORA UM ANJO

Folclore Brasileiro

Moderato

1ª Voz: Nesta rua, nesta rua mora um anjo — Que se chama, que se chama solidão — Nesta rua nesta rua mora um anjo — Que roubou, que roubou meu coração.

2ª Voz: Nesta rua, nesta rua mora um anjo mora um anjo Que se chama, que se chama solidão chama solidão Nesta rua nesta rua mora um anjo mora um anjo Que roubou, que roubou meu coração meu coração.

RÉ# ou MIb

A posição do RÉ# ou Mib consiste apenas em fechar completamente os furos de 1.º ao 5.º e o de trás, abrindo o 6.º somente pela metade. O 7.º furo permanece aberto.

Nas flautas que têm o RÉ grave com «Furos Duplos», recua-se o 6.º dedo, fechando o furinho do lado da mão direita. Pratique diversas vezes RÉ - RÉ#.

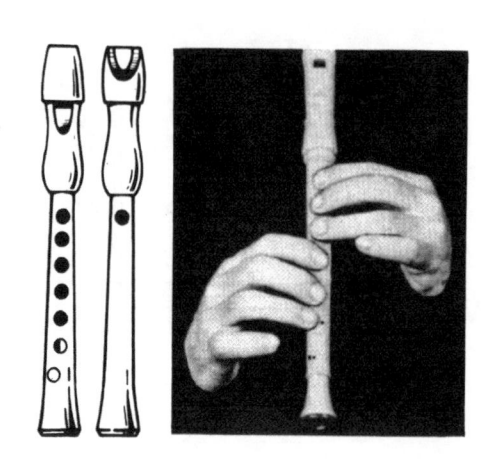

NOTURNO
OPUS 9, N. 2

Andante

F. Chopin

MINHA DOCE FLAUTA DOCE

ESCALAS MENORES

LÁ menor

Arpejo em Lá menor

MI menor

Arpejo em Mi menor

RÉ menor

Arpejo em Ré menor

SOL menor

Arpejo em Sol menor

ESCALA DE DÓ MAIOR EM 2 OITAVAS

Arpejo em Dó Maior

Escala Cromatica *Recorra ao Quadro das Posições (pag. 78)*

POSIÇÕES DO RÉ#, SOL#, SIb, SI E DÓ OITAVA ACIMA

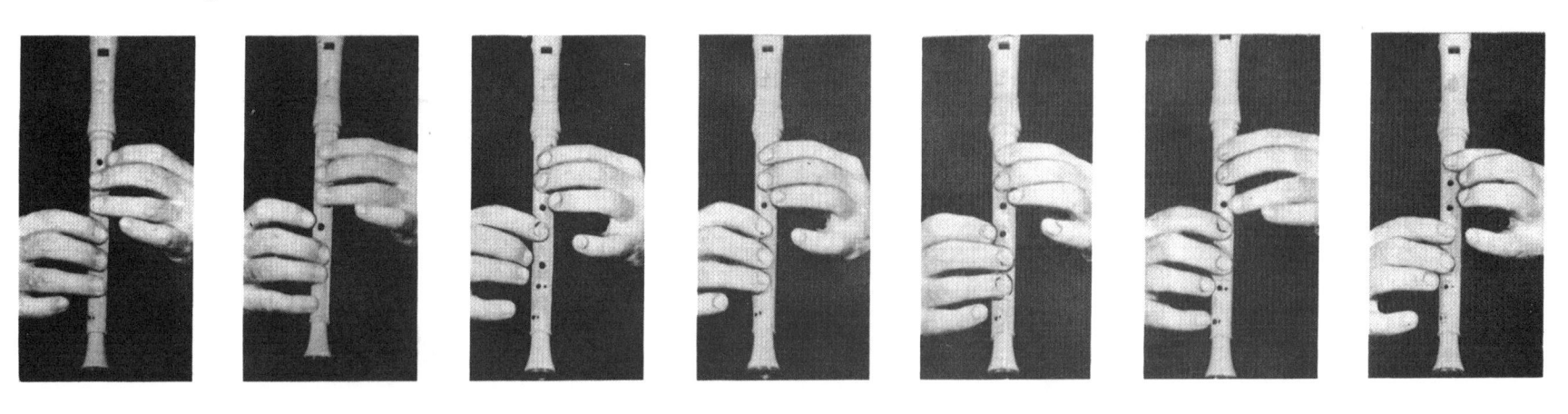

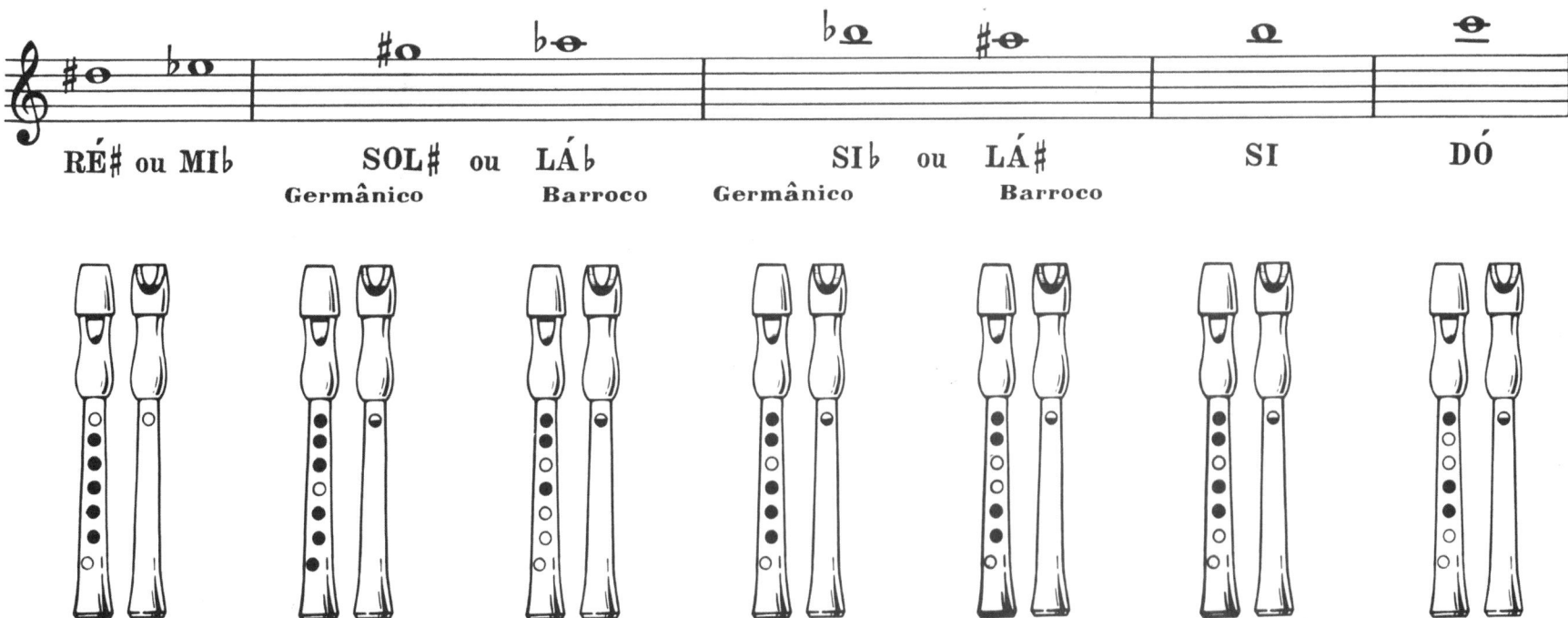

RÉ# ou MIb   SOL# ou LÁb   SOL# ou LÁb   SIb ou LÁ#   SIb ou LÁ#   SI   DÓ
              Germânico   Barroco   Germânico   Barroco

Procure afinar as notas agudas abrindo o furo $\frac{1}{2}$, $\frac{1}{3}$ ou $\frac{1}{4}$ até encontrar a afinação perfeita.

ADÁGIO EM SOL MENOR

MÚSICA BARROCA

Tomaso Albinoni
(1671-1750)

MINHA DOCE FLAUTA DOCE

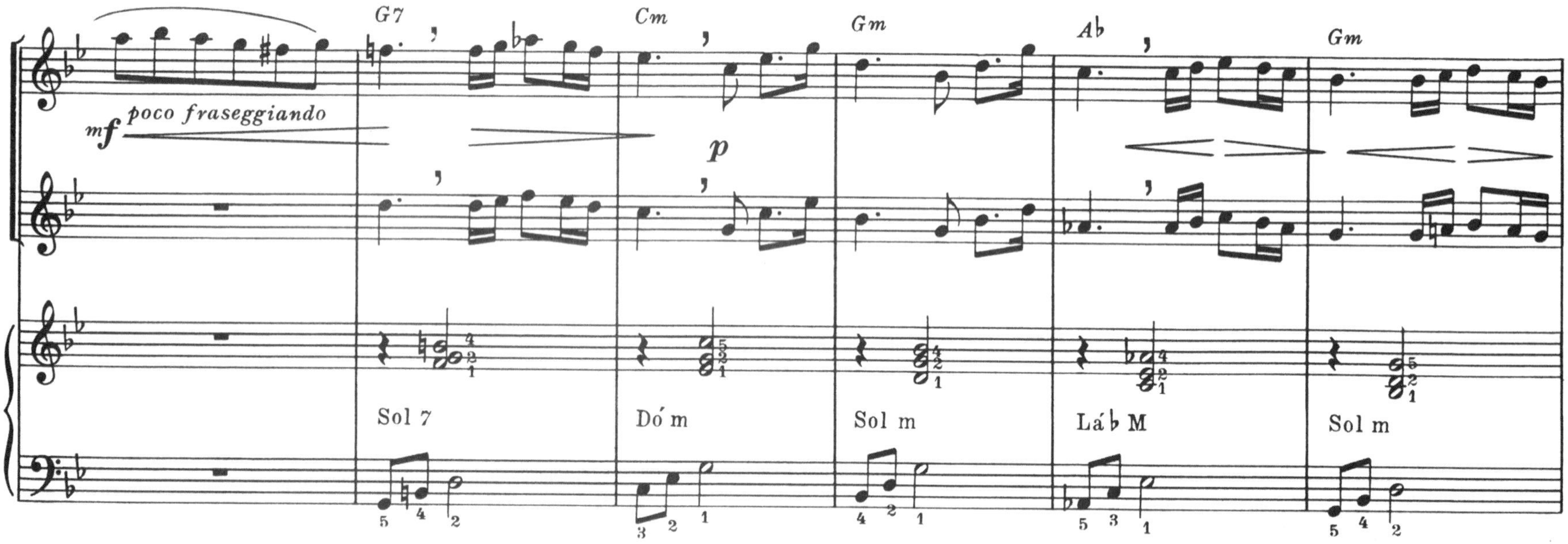
G7
Cm
Gm
Ab
Gm
mf poco fraseggiando
p
Sol 7
Dó m
Sol m
Láb M
Sol m

D7
Gm
Gm
Cm6
Cdm
Cdm
Gm
dim. - -
p dolce expressivo
Ré 7
Sol m
p Sol m
Dó m6
Dó dm
Dó dm
Sol m

MINHA DOCE FLAUTA DOCE

QUADRO DAS PRINCIPAIS POSIÇÕES GERMÂNICAS E BARROCAS
(TODAS USADAS NESTE LIVRO)

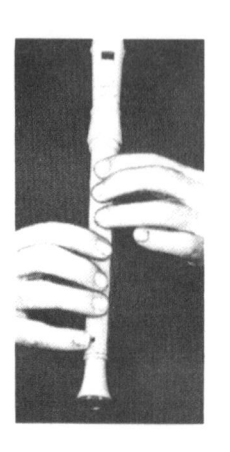

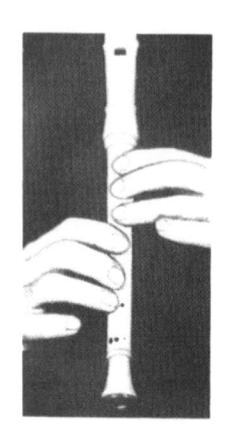

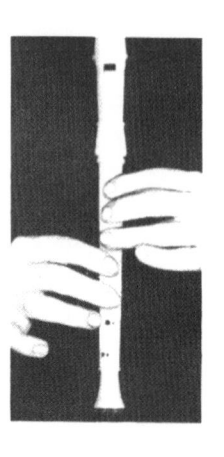

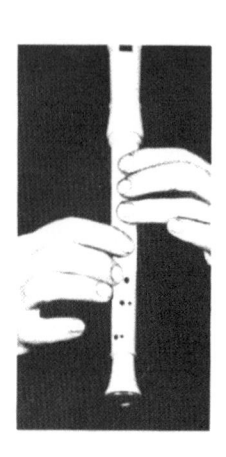

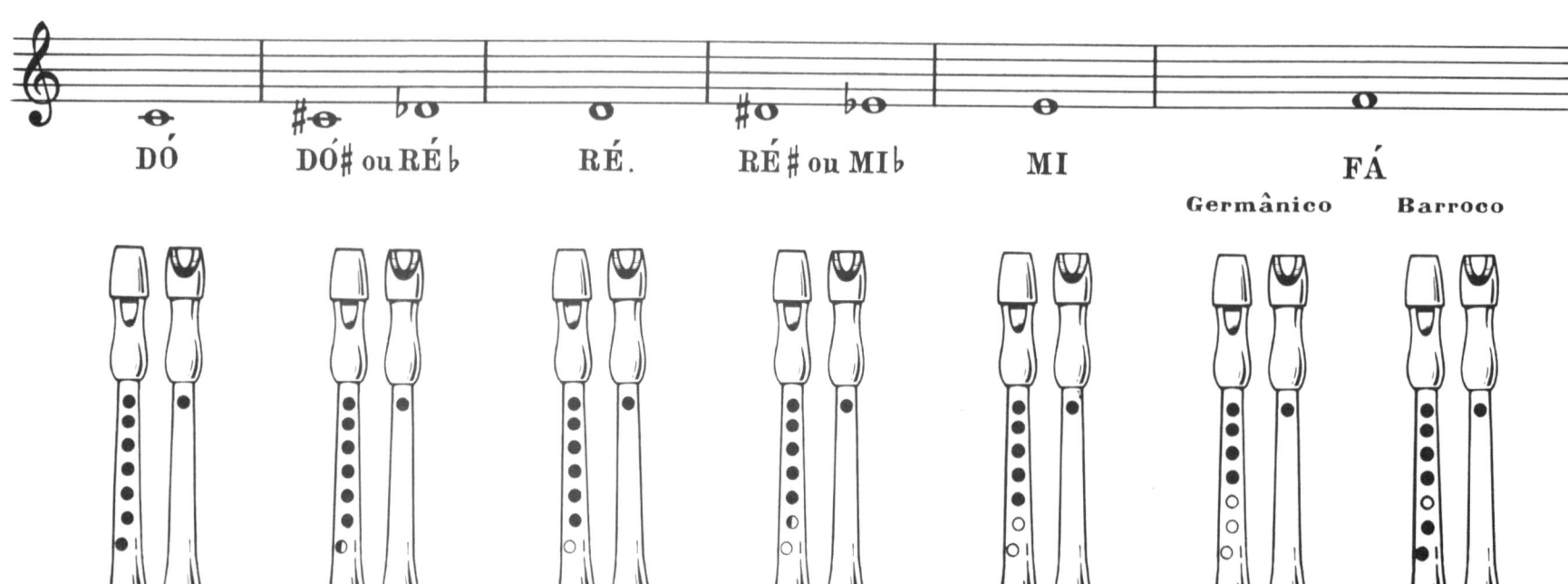

DÓ   DÓ♯ ou RÉ♭   RÉ.   RÉ♯ ou MI♭   MI   FÁ

Germânico   Barroco

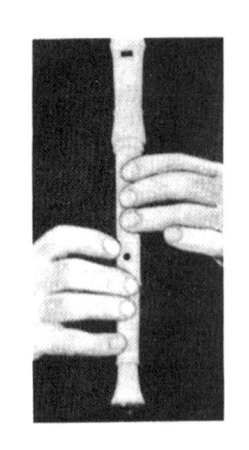

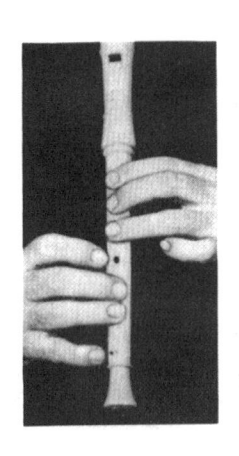

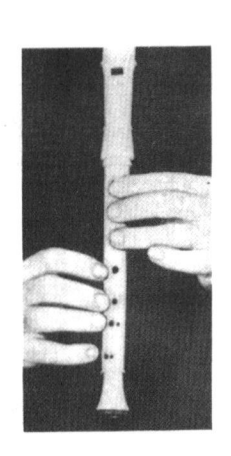

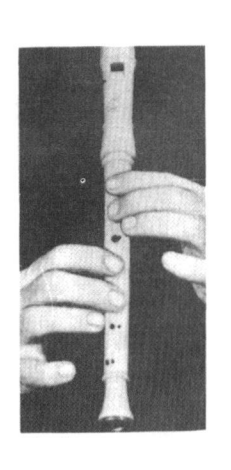

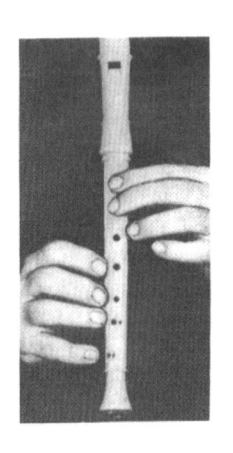

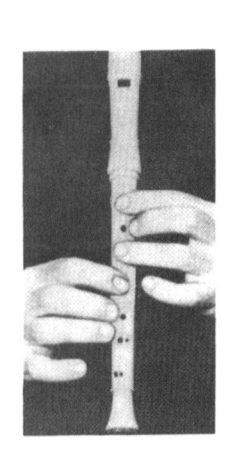

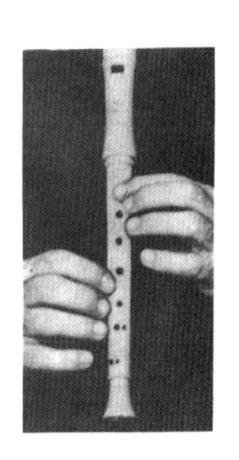

MINHA DOCE FLAUTA DOCE — 79

FÁ# ou SOLb   SOL   SOL# ou LÁb   LÁ   SIb ou LÁ#   SI

Germânico   Barroco   1ª Posição

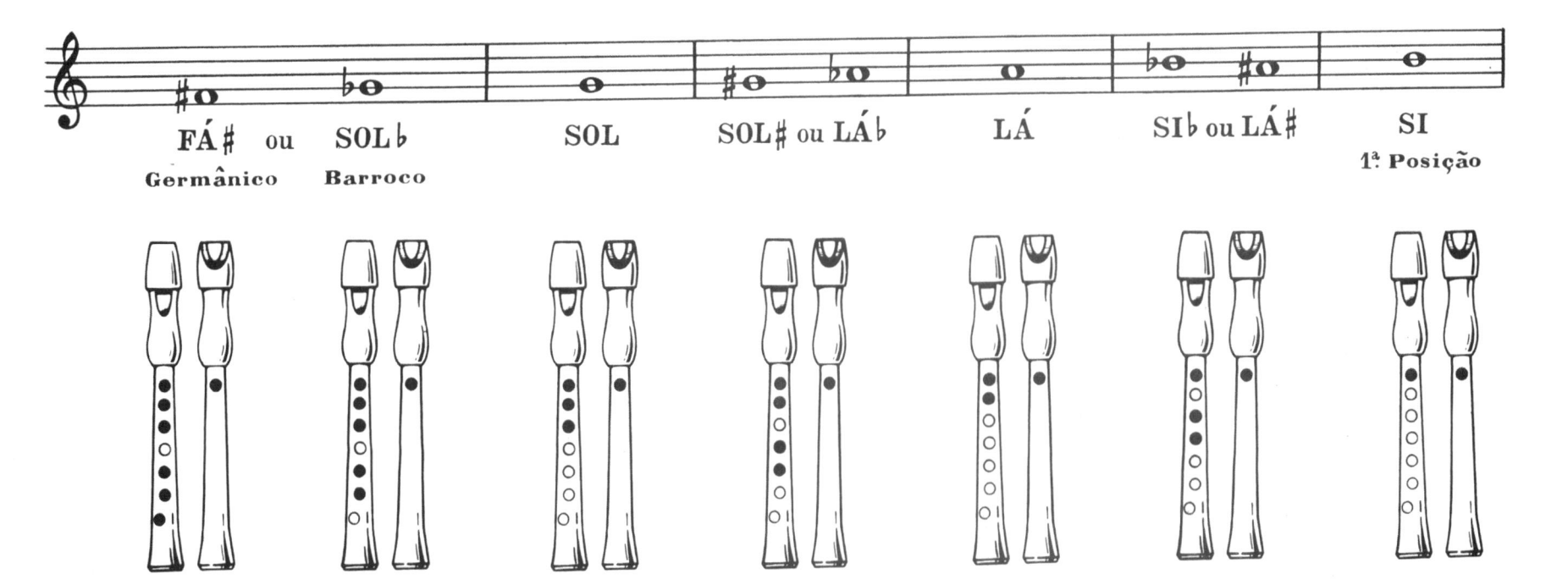

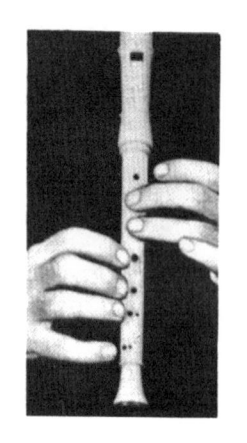

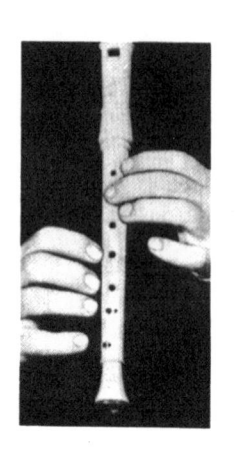

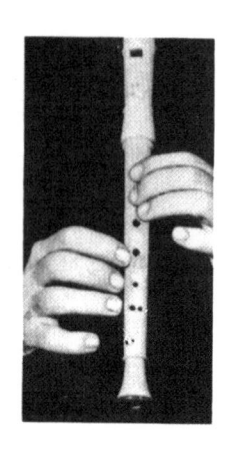

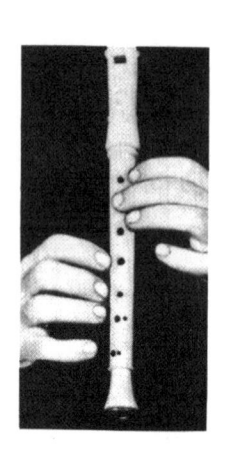

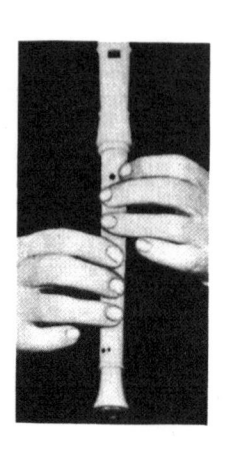

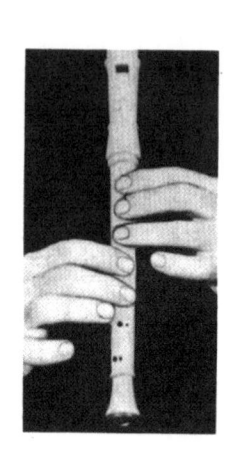

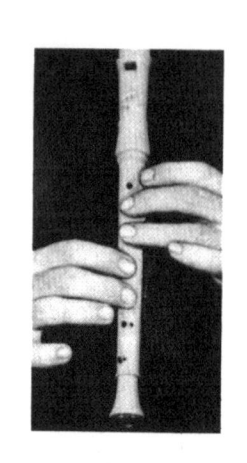

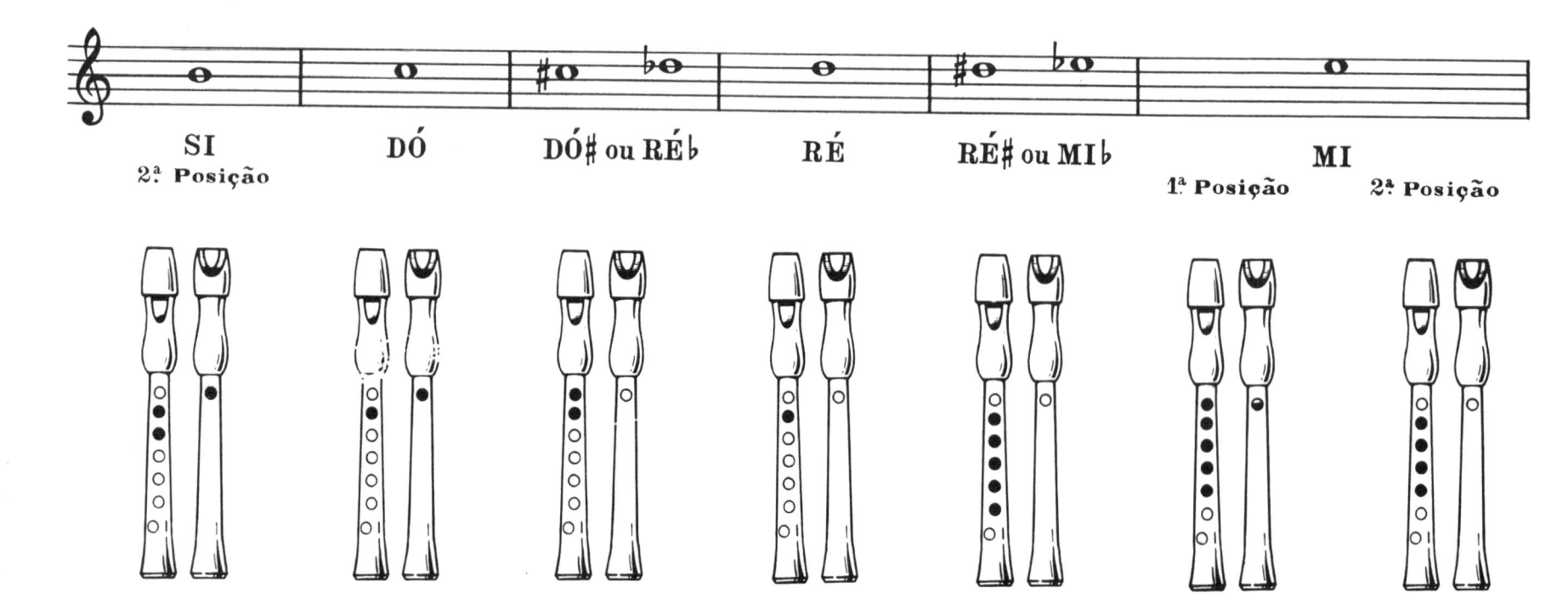

SI	DÓ	DÓ# ou RÉb	RÉ	RÉ# ou MIb	MI	
2ª Posição					1ª Posição	2ª Posição

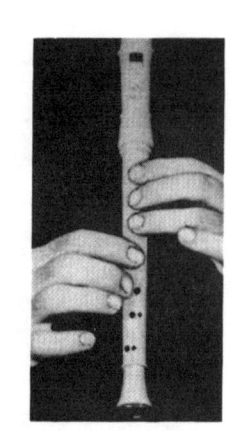

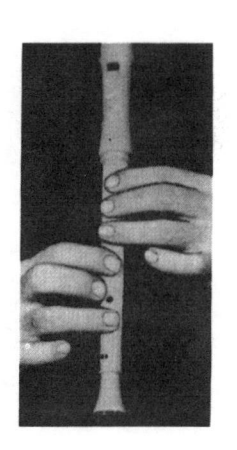

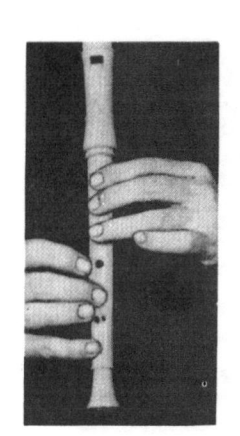

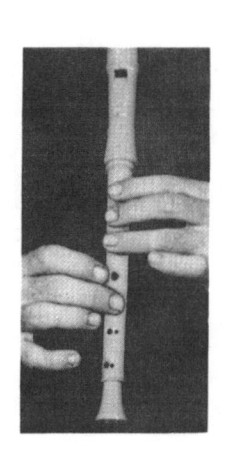

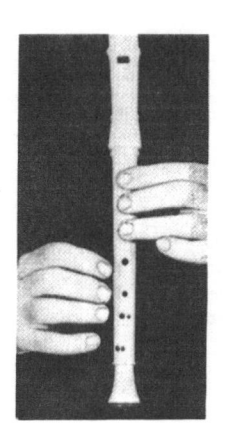

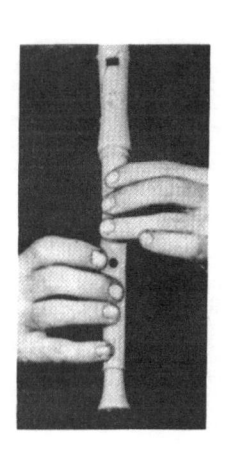

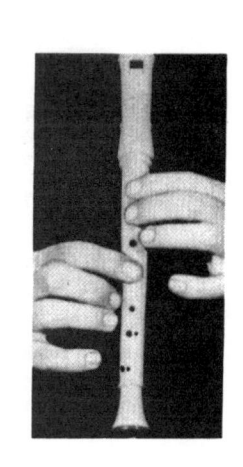

MINHA DOCE FLAUTA DOCE

— 81

FÁ	FÁ# ou SOL♭	SOL	SOL# ou LÁ♭
Germânico / Barroco	Germânico / Barroco		Germânico / Barroco

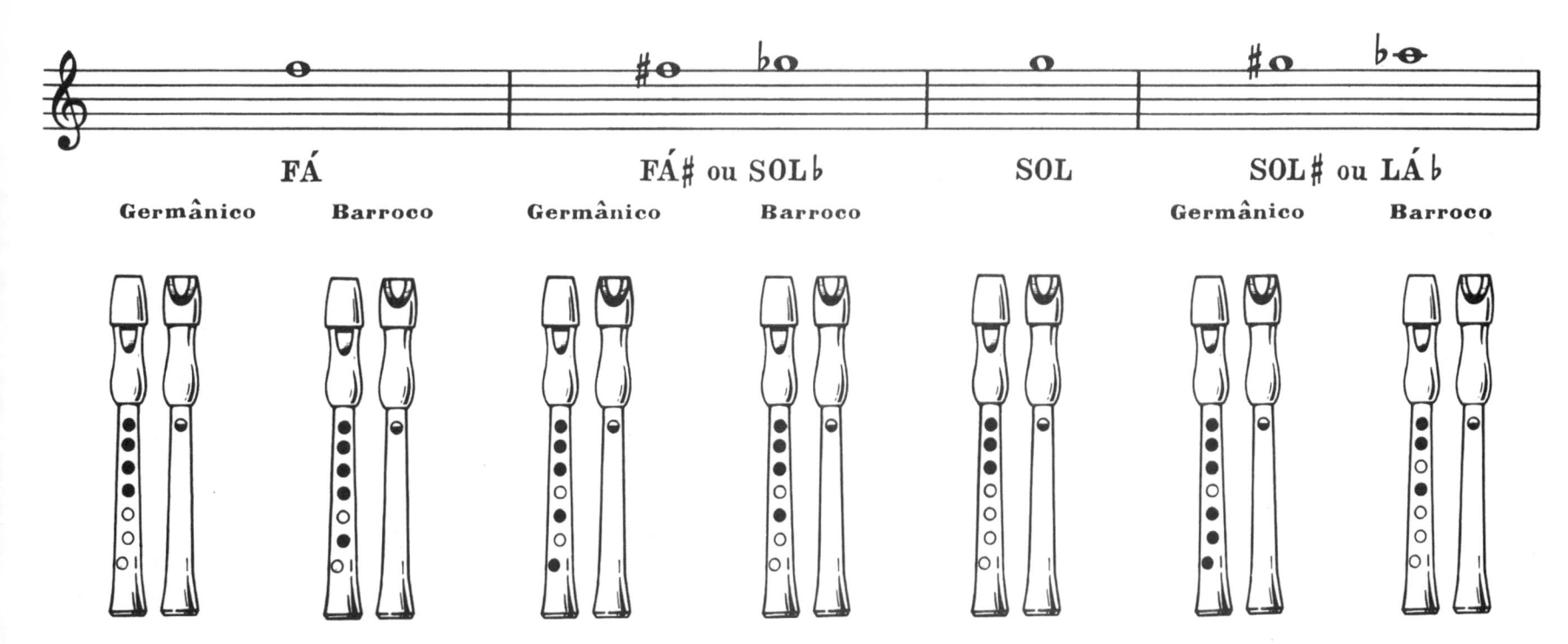

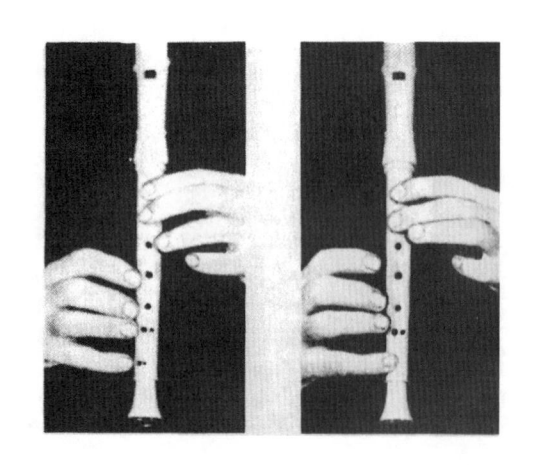

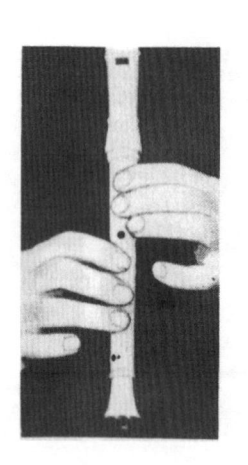

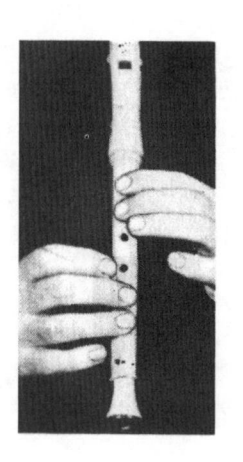

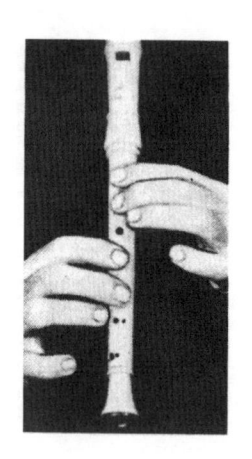

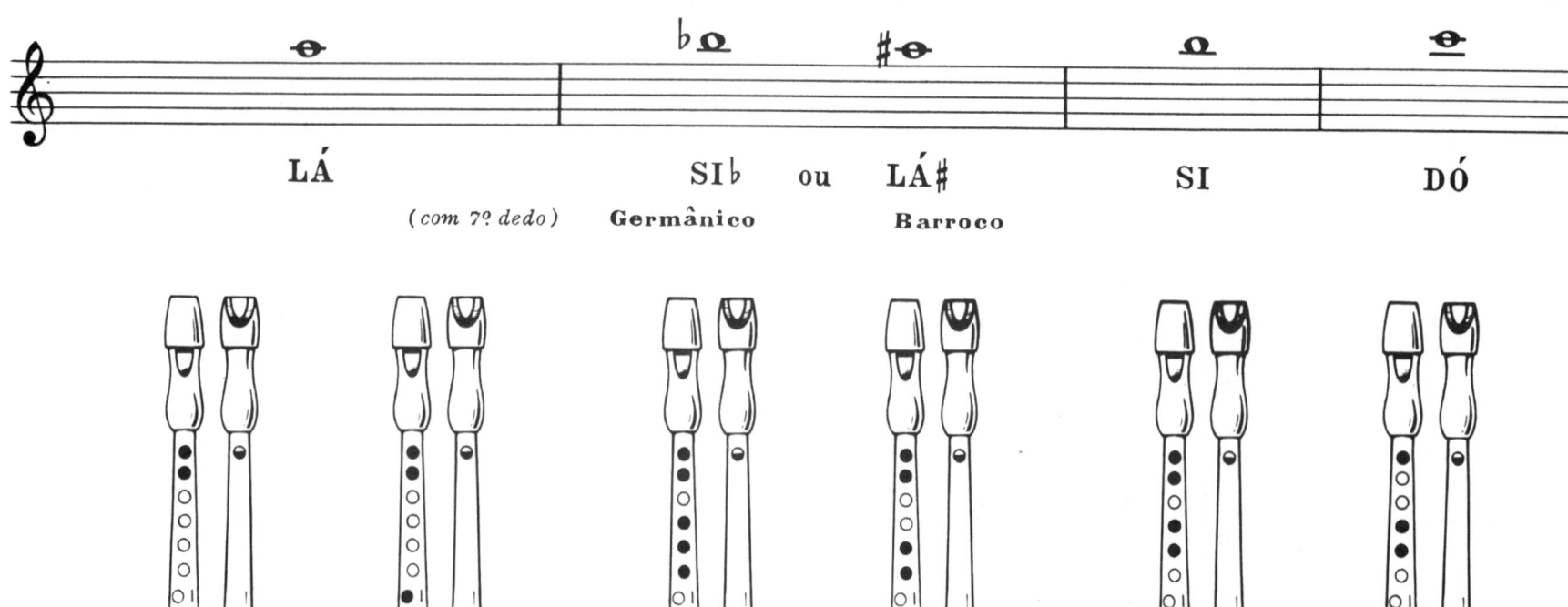

LÁ
(com 7º dedo)

SIb ou LÁ#
Germânico   Barroco

SI

DÓ

CIFRAS NAS MÚSICAS DE FLAUTA DOCE

Nas músicas de «FLAUTA DOCE», usa-se colocar as cifras para o acompanhamento de violão, piano ou outros instrumentos. Apenas para um pequeno conhecimento, segue um resumo sobre as cifras.

CIFRAS — São sinais e letras convencionais que se colocam acima ou abaixo de uma melodia, para representar os acordes do acompanhamento. As cifras mundialmente conhecidas são em Língua Anglo-Saxonia, que seguem a ordem do alfabeto, isto é, iniciando pelo LÁ (A). Também são usadas em Língua Latina.

C — Dó Maior
Cm — Dó menor
C7 — Dó Sétima da Dominante
C dm ou C° — Dó Sétima Diminuta

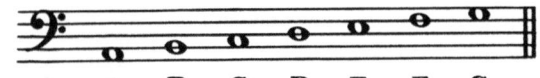

Saxonia: A B C D E F G
Latina: Lá Si Dó Ré Mi Fá Sol

Na cifragem Saxonia, os Acordes Maiores são representados apenas pela letra maiúscula correspondente, não sendo necessário colocar o M.

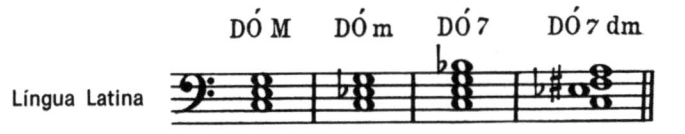

Língua Anglo-Saxonia: C, Cm, C7, C dm ou C°

Língua Latina: DÓ M, DÓ m, DÓ 7, DÓ 7 dm

Nesse sistema de cifragem prática, os Acordes de Sétima (da Dominante e Diminuta) formam-se sobre o baixo correspondente à letra maiúscula da cifragem.

Exemplos: — C7 — Sétima da Dominante sobre o baixo C (Dó) Dó Mi Sol Si♭
D7 — Sétima da Dominante sobre o baixo D (Ré) Ré Fá♯ Lá Dó
E7 — Sétima da Dominante sobre o baixo E (Mi) Mi Sol♯ Si Ré
C dm — Sétima Diminuta sobre o baixo C (Dó) Dó Mi♭ Fá♯ Lá

De um modo prático, podemos dizer que os algarismos que aparecem depois das letras maiúsculas, referem-se às dissonâncias do Acorde, em relação ao baixo.

Exemplos: — C6 — Dó Maior com 6.ª; C5+ — Dó Maior com 5.ª aumentada; Gm7 — Sol menor com 7.ª, etc.

Apesar das cifras Anglo-Saxonias atingirem atualmente o auge de sua popularidade, elas são usadas desde a Idade Média.

Quanto ao seu emprego, após identificar o acorde pela cifragem, o violonista, o pianista ou outro acompanhador, empregará o ritmo adequado ao gênero da música.